Les premières !

L'histoire de l'accès des femmes à la pratique du droit et à la magistrature

Louise Mailhot

Les premières !

L'histoire de l'accès des femmes à la pratique du droit et à la magistrature

ÉDITIONS YVON BLAIS

Catalogage avant publication de Bibliothèque et Archives nationales du Québec et Bibliothèque et Archives Canada

Mailhot, Louise,

Les premières ! : l'histoire de l'accès des femmes à la pratique du droit et à la magistrature

Comprend des réf. bibliogr. et un index.

ISBN 978-2-89635-896-0

1. Avocates – Canada. 2. Femmes juges – Canada. 3. Féminisme et droit – Canada – Histoire. I. Titre.

KE332.W6M34 2013 340.082'0971 C2013-940262-4

Nous reconnaissons l'aide financière du gouvernement du Canada accordée par l'entremise du Fonds du livre du Canada (FLC) pour nos activités d'édition.

Dépôt légal : 1er trimestre 2013
Bibliothèque et Archives nationales du Québec
Bibliothèque et Archives Canada
ISBN 978-2-89635-896-0

THOMSON REUTERS

Éditions Yvon Blais, une division de Thomson Reuters Canada Limitée

C.P. 180 Cowansville
(Québec) Canada
J2K 3H6

Service à la clientèle :
Téléphone : 1-800-363-3047
Télécopieur : 450-263-9256
Site Internet : www.editionsyvonblais.com

*Je dédie cet ouvrage à Marie-Louise Bousquet (1872-1959),
mon aïeule suffragiste, qui présidait l'Association
des femmes d'affaires de Montréal en 1923 et
m'a légué sa fierté de femme autonome
et son désir d'égalité.*

Louise Mailhot

« Le souvenir est le parfum de l'âme... »

George Sand

PRÉSENTATION

« Les femmes restent les grandes oubliées de l'histoire », titre un article de M. Daniel Baril dans l'hebdomadaire FORUM de l'Université de Montréal le 5 décembre 2011 portant sur le travail de recherche de maîtrise de Rosemarie Brodeur. Cette recherche en histoire sur deux volumes utilisés dans le cours d'histoire obligatoire au cégep montre que les femmes n'occupent *qu'un* pour cent de la trame narrative de ces manuels.

Voilà ce qui m'a motivée à publier cette modeste contribution au devoir de mémoire envers les générations futures, nourrissant l'espoir que ce référent historique comble les interstices de l'édifice érigé à la gloire des femmes.

Toute société se nourrit de ses modèles, de ses références et prend pour exemple les personnages qui ont contribué à son évolution.

« Le temps passe. Et chaque fois qu'il y a du temps qui passe, il y a quelque chose qui s'efface » ... pensait Jules Romain. D'où l'urgence d'écrire cette histoire, même parcellaire, de l'émergence des femmes dans le milieu du droit pour qu'elle se transmette aux générations de femmes et d'hommes qui suivront. Tel que

Françoise Giroud l'exprimait si justement « il ne faut pas croire que l'on écrit ce que l'on veut. *On écrit ce qu'une force en soi commande* »[1].

* * *

1. Laure ADLER, *Françoise*, Grasset, 2011, p. 448.

TABLE DES MATIÈRES

INTRODUCTION

« Je veux être tout ce que je peux devenir ! »
Katherine Mansfield (née Beauchamp)
(1888-1923)

L'histoire de l'accès des femmes à la pratique du droit et à la magistrature au Canada et au Québec est passionnante. Cette histoire, c'est un ensemble de biographies individuelles inspirées par des idéaux nobles et une détermination soutenue pour les atteindre.

Cette histoire est tributaire de quelques pionnières, l'on s'en doute bien, et est relativement récente. Elle ne s'est pas faite sans heurts. La construction de la « Chambre des dames » a subi comme toute édification, semble-t-il, des retards et des soubresauts ! Et malgré que Virginia Woolf ait écrit en 1929 que « l'histoire de l'opposition des hommes à l'émancipation des femmes est peut-être plus intéressante encore que l'histoire de l'émancipation des femmes elle-même »[2], l'histoire de l'entrée des femmes dans le droit et la magistrature vaut d'être dite, ne serait-ce que pour assurer la diffusion de modèles pour les générations qui les suivront.

Dès la deuxième moitié du XIXe siècle, des mouvements s'installent en Angleterre et en Europe continentale, amorcés par des femmes courageuses qui revendiquent des droits civils semblables à ceux des

2. Virginia WOOLF, *Une chambre à soi*, 1929.

hommes. Animées d'un sentiment d'injustice et lasses de subir une domination patriarcale qui les limite dans le développement de leurs talents et freine leur épanouissement, les femmes veulent s'affranchir et prendre place dans la vie sociétale et politique de leurs pays. Elles veulent qu'on entende leurs voix et que l'on tienne compte de leur intelligence et de leurs opinions.

Elles seront mieux entendues au XXe siècle après ce qu'on nomme « la révolution industrielle » et après la Première Guerre mondiale de 1914-1918. Plusieurs femmes sont devenues veuves ou se sont retrouvées célibataires ayant passé l'âge du mariage sans trouver mari. Confrontées à une réalité économique difficile, elles durent se débrouiller financièrement pour vivre et nourrir leur famille. Elles travaillent dans des usines, dans des grands magasins, ouvrent de petits commerces, font du travail domestique chez les plus nantis. Quelques-unes deviennent infirmières, sténographes et même secrétaires auprès de dirigeants d'entreprises. Elles veulent pouvoir conserver le produit de ce travail et en disposer seules. Elles veulent voter à tous les niveaux de gouvernement et désirent entrer à l'université et aussi pouvoir éventuellement accéder à l'exercice des professions libérales, professions jusqu'alors réservées aux hommes partout dans le monde.

Ces mouvements dits de libération ont trouvé écho en Amérique du Nord et en particulier au Canada.

Deux personnages ressortent en particulier au Canada à titre de précurseures dans le domaine du droit : *Emily Ferguson Murphy* d'Alberta (1916) et *Helen Kinnear* d'Ontario (1943). Au Québec, *Annie MacDonald Langstaff* (1916), *Réjane Laberge-Colas*

(1969), *Claire L'Heureux-Dubé* (1979), *Elizabeth Monk* (1942) et *Bérengère Gaudet* (1960), parmi d'autres, ont été les premières à défricher le terrain.

Voici donc un résumé du parcours des femmes qui ont ouvert la profession juridique aux femmes d'aujourd'hui et qui sont devenues nos modèles.

* * *

CHAPITRE I

LES PRÉCURSEURES

Emily Ferguson Murphy (1868-1933)

Emily Ferguson Murphy est née en 1868, un an après la Confédération, dans le sud de l'Ontario, à Cookstown. Après une carrière comme romancière, elle devient en 1916 la première femme magistrate de tout l'Empire britannique.

Petite-fille du fondateur de l'Ordre des Orangistes au Canada, Ogle R. Goan, elle fut une autodidacte, car à cette époque on ne pouvait imaginer qu'une femme s'intéresse au droit. Pourtant, deux de ses oncles étaient juges et sénateurs, ses deux frères sont devenus des avocats réputés, et elle fut sûrement témoin de vives discussions lors des réunions de famille. Mais les femmes ne furent admises aux études de droit en Ontario qu'à compter de 1897.

À 19 ans (1887), elle épouse un ministre protestant, Arthur Murphy, et commence alors sa carrière de mère : elle élève trois filles. Durant ces années, elle voyage avec son mari en Angleterre et elle écrit plusieurs articles pour des revues canadiennes et américaines sous différents noms de plume. Elle écrit son premier roman en 1901 : *Impressions of Janey Canuck in England*. Lorsque son mari est victime d'une fièvre typhoïde qui l'immobilise pendant des mois, elle écrit un autre livre intitulé *The Diary of a Typhoid Patient*, pour payer les soins médicaux qui, à cette époque, n'étaient pas gratuits.

Puis le couple déménage au Manitoba. Au tournant du siècle, des milliers d'immigrants s'installaient dans les provinces de l'Ouest. Les Murphy commencent une nouvelle vie à Swan River, petite localité de 300 habitants. Comme il n'y avait pas d'hôpital, Emily Murphy entreprend une campagne et assaille les officiers gouvernementaux de suppliques et de pétitions jusqu'à ce que ses efforts produisent le résultat espéré : un hôpital fut construit à Swan River et la ville élut Emily présidente du conseil d'administration de son hôpital.

Emily Murphy écrira trois romans sur ce que l'on appelle généralement le *West Frontier* et la vie difficile des premiers colons : *Janet Canuck in the West* (Toronto 1910), *Open Trails* (Toronto 1912), *Seeds of Pine* (Toronto 1914), et un livre d'histoire pour écoliers (Toronto 1923) concernant l'un des héros de l'Ouest : l'évêque William Bompas, un missionnaire ayant séjourné quarante ans avec les Inuits du Cercle arctique entre 1868 et 1908.

Emily Ferguson Murphy

Vers l'âge de 40 ans (1908), et après un nouveau déménagement, cette fois à Edmonton, Emily commence sa deuxième carrière. Elle s'implique dans la controverse concernant les droits des femmes en Alberta, alors une nouvelle province qui n'avait aucune loi autorisant le droit de propriété immobilière des femmes, bien que les femmes travaillaient aussi dur que les hommes à ériger des fermes dans les Prairies et à les faire fructifier. Le gouvernement de l'Alberta venait de déposer un projet de loi concernant le douaire, et Emily considérait que ce projet de loi n'allait pas assez loin. C'est en lisant des livres de droit suggérés par ses frères avocats qu'elle s'est préparée à se présenter devant l'Assemblée législative à Edmonton.

Elle était évidemment la seule femme présente quand elle a décliné sa liste de demandes devant l'Assemblée législative. On peut imaginer les plaisanteries et commentaires formulés face à la présence d'une femme qui osait ainsi revendiquer toute seule. Or, comme la loi ne fut pas adoptée cette année-là, ce fut la presse qui reprit la cause de madame Murphy et l'appuya. L'année suivante, en 1911, la loi qui fut adoptée incluait tout de même la plupart des demandes d'Emily Murphy.

Le droit de vote au Canada

C'est en 1913 qu'Emily Murphy, Nellie McClung et quelques autres femmes entament la lutte des femmes canadiennes pour obtenir le droit de vote. Le groupe fait circuler des pétitions et fait d'incessantes pressions sur les gouvernements. La Nouvelle-Zélande avait accordé dix ans plus tôt (en 1893) le droit de vote à toutes les femmes, incluant les autochtones Maori.

La Saskatchewan, l'Alberta et le Manitoba accordèrent le droit de vote provincial aux femmes en *1916*, et toutes les Canadiennes obtinrent, le 27 mars 1918, le droit de voter aux élections fédérales et d'y être candidates à compter de *1919*.

Ceci faisait écho à la loi de mars 1918 en Angleterre qui autorisait les femmes à voter à compter de l'âge de 30 ans, alors que les hommes pouvaient voter à partir de 21 ans. À la suite de manifestations en Angleterre, les femmes obtinrent dix ans plus tard l'égalité du droit de voter à 21 ans en 1928.

L'on sait que, grâce aux efforts d'Idola Saint-Jean[3], de Thérèse Forget Casgrain[4] et de plusieurs autres, le Québec suivit le pas, mais seulement le 25 avril 1940. C'est le Premier ministre Louis- Adélard Godbout qui fit adopter une loi autorisant les femmes à voter et à être éligibles aux fonctions de députées[5]. Non sans difficulté, car il dut mettre en cause son siège. Nous y reviendrons au chapitre suivant.

À noter qu'en France, les femmes ne votèrent pour la première fois qu'en mars 1945[6], malgré qu'elles aient été admises à exercer la profession d'avocat dès 1900. Ainsi, les femmes en France plaidaient et représentaient des clients, mais ne votaient pas.

3. Idola Saint-Jean est née le 19 mai 1880 d'un père avocat, et elle est décédée le 6 avril 1945. Elle fonda en 1927 l'Alliance canadienne pour le vote des femmes du Québec. Première candidate aux élections fédérales en 1931 elle n'a pas réussi à se faire élire même si elle obtint 3 000 votes.
4. Marie-Thérèse Forget est née le 10 juillet 1896 et est décédée le 2 novembre 1981. En 1928, elle devint présidente du Comité provincial pour le suffrage féminin.
5. *Loi accordant aux femmes le droit de vote et d'éligibilité*, S.Q. 4 Geo. VI chap. 7, sanctionnée le 25 avril 1940.
6. Loi adoptée le 21 avril 1944.

Quant aux femmes autochtones du Canada, elles ne furent admises à voter au niveau fédéral qu'en 1960, et au Québec qu'en 1969.

Continuons le parcours d'Emily Murphy.

Première femme magistrate de l'Empire britannique

En 1917, Emily Murphy devient magistrat de police pour toute la province de l'Alberta, devenant ainsi la première femme magistrate de l'Empire britannique. Même si dans le système judiciaire anglais le magistrat n'est pas un juge professionnel (puisqu'il n'est pas obligé de détenir un diplôme de droit), c'était là une percée historique.

Alors qu'Emily Murphy entendait sa deuxième cause, un fait cocasse se produisit et passa à l'histoire : un avocat de la défense attaque sa compétence au motif qu'elle n'est pas une « personne ». Elle écoute patiemment l'objection, en prend note, et continue le procès. Tous les jours, le même avocat soulève la même objection, et elle répond calmement à celui-ci ainsi qu'aux autres qui reprirent à leur compte la même objection pendant des années : « It is a poor fellow who cannot think of a new argument »[7], et continue ses audiences.

À la même période, ses préoccupations se tournent vers les problèmes sociaux qui l'entourent, plus particulièrement ceux des femmes toxicomanes ou qui souffrent de dépendance à la consommation de dro-

7. Donna JAMES, *Emily Murphy*, Fitzhenry & Whiteside, 1977, p. 60.

gues. La constatation que les lois sur les drogues ne prévoient pas d'examens médicaux ou de traitement et ne visent qu'à punir la préoccupe. On lui doit plusieurs articles dans le magazine *MacLean*, en plus d'un traité intitulé *The Black Candle*[8].

Elle est désormais reconnue comme une autorité sur la question, à tel point que la Société des Nations[9] commande des exemplaires de son livre et l'invite à siéger à titre de membre de l'un de ses comités. Puis, en 1919, elle réussit à faire modifier la *Loi des médicaments brevetés*[10], une loi fédérale, pour que soit prohibée l'utilisation de la cocaïne et de l'opium dans les médicaments brevetés.

Alors qu'Emily Murphy présidait la première conférence des Federated Women's Institutes of Canada, une résolution de cet organisme réclame du Premier ministre Borden la nomination d'une femme au Sénat[11]. En 1921, le Women's Club de Montréal, très actif à cette époque, suggère que madame la juge Murphy soit nommée au Sénat. Le Premier ministre Borden réplique alors que cela était impossible, puisque, selon la *common law* britannique, *les femmes n'étaient pas des personnes*, c'est-à-dire qu'elles n'étaient pas comprises dans le mot « personne » tel que cela avait été décidé dans un jugement de 1868, en Angleterre[12], jugement qui n'avait jamais été remis en question jusque-là.

8. Toronto, 1922.
9. L'ancêtre de l'Organisation des Nations Unies.
10. *Loi modifiant la Loi des médicaments brevetés ou proprietary*, S.C. 1919, c. 66.
11. Olive M. Stone, *Canadian Women as Legal Persons*, Alberta Law Review, Vol. XVII, n° 3, 330, à la page 370.
12. *Chorlton* v. *Lings*, (1868) L.R. 4 C.P. 374, ante n° 4. Voir aussi Gail Brent, « The Development of the law relating to the participation of Canadian Women in Public Life », *University of Toronto Law Journal*, 25, 1975, 360-363.

Devant cet échec, Emily Murphy considère qu'il est temps de savoir si, au Canada, dans l'*Acte de l'Amérique du Nord britannique*, le mot « personne » inclut les femmes, visant en particulier l'article 24, qui se lit alors comme suit : « Le gouverneur général mandera de temps en temps au Sénat, [...] des « **personnes** » ayant les qualifications voulues ; [...] »[13].

« Les Cinq »

Le groupe de cinq femmes qui s'est adressé aux tribunaux en août 1927 est célèbre : Henrietta Muir Edwards, Nellie McClung, Louise McKinney[14], Emily F. Murphy et Irene Parlby. Représentées devant la Cour suprême du Canada par un avocat bien connu du temps (l'honorable Newton Wesley Rowell), elles durent faire face au Québec qui fut la seule province à se faire représenter par avocat devant la Cour pour discuter de la question *et s'y opposer* ! Le 24 avril 1928, cinq juges de la Cour suprême du Canada[15] déclarent que « les femmes n'étaient pas incluses dans le mot « personne » de l'Acte de l'Amérique du Nord britannique et, en conséquence, ne peuvent pas être nommées sénatrices »[16]. La Cour confirmait donc la position du Québec.

C'est un pourvoi au Conseil privé de Londres qui donne cependant raison aux cinq femmes de l'Ouest dans un jugement du 18 octobre 1929 : « Les femmes

13. *Loi constitutionnelle de 1867*, 30 & 31 Vict., R.-U., c. 3, art. 24.
14. Première femme élue députée dans tout l'Empire britannique, elle fut membre de l'Assemblée législative de l'Alberta de 1917 à 1921.
15. Le juge en chef Anglin et les juges Duff, Mignault, Lamont et Smith.
16. *In the matter of a reference as to the meaning of the word « persons » in section 24 of the British North America Act*, 1867, [1928] R.C.S. 276.

sont des personnes »[17]. Après avoir précisé que le « *British North America Act planted in Canada is a living tree capable of growth and expansion within its natural limits. The object of the Act was to grant a Constitution to Canada* », les Lords anglais concluent comme suit[18] :

> A heavy burden lies on an appellant who seeks aside a unanimous judgment of the Supreme Court, and this board will only set aside such a decision after convincing argument and anxious consideration, but having regard (i) to the object of the Act, namely, to provide a constitution for Canada, a responsible and developing State ; (ii) that the word "person" is ambiguous and may include members of either sex ; (iii) that there are sections in the Act above referred to which show that in some cases the word "person" must include females ; (iv) that in some sections the words "male persons" is expressly used when it is desired to confine the matter in issue to males, and (v) to the provisions of the Interpretation Act, 1889 ; their Lordships have come to the conclusion that the word "persons" in s 24 includes members both of the male and female sex and that, therefore, the question propounded by the Governor-General must be answered in the affirmative and that women are eligible to be summoned to and become members of the Senate of Canada and they will humbly advise His Majesty accordingly.

Il existe une plaque de bronze qui commémore cette réalisation dans le hall d'entrée du Sénat canadien à Ottawa.

La juge Murphy n'a toutefois jamais été invitée à siéger au Sénat. En 1930 et en 1935, mesdames Cairine Wilson et Iva Fallis y étaient nommées (des bustes de

17. *Edwards* v. *Attorney-General of Canada*, (1930) A.C. 124.
18. [1930] AC 124 ou [1929] ALL EN REP 571.

madame Wilson et de madame Johanna Jodoin, première sénatrice venant du Québec, ornent l'entrée du Sénat). En fait, selon la biographe d'Emily Murphy, madame Donna James[19], il semble que l'on craignait que madame Murphy dérange trop l'atmosphère silencieuse de cette chambre, qui était presque celle d'une cathédrale à l'époque.

Emily Murphy dut ressentir une certaine déception. C'est ainsi que certaines ouvrent les portes pour les autres...

Le 26 octobre 1933, deux ans après sa retraite comme magistrate, Emily Ferguson Murphy est morte dans son sommeil à l'âge de 65 ans.

Le 17 avril 1985, journée de l'entrée en vigueur de l'article 15 (sur l'égalité) de la Charte constitutionnelle des droits et libertés, les postes canadiennes ont émis deux timbres, l'un en l'honneur d'Emily F. Murphy et l'autre en l'honneur de Thérèse Forget Casgrain.

Helen Alice Kinnear (1894-1970)

De descendance écossaise, Helen Alice Kinnear est née le 6 mai 1894 à Cayuga en Ontario. Admise à la faculté de droit d'Osgoode Hall à Toronto en 1917, elle reçoit son diplôme de droit en 1920[20]. Elle commence alors à exercer sa profession avec son père, Louis

19. D. JAMES, *op. cit.*, note 7.
20. En Ontario, on admettait les femmes à la pratique du droit depuis 1892. An Act to provide for the admission of women to the study and practice of Law (S.O. 1892, ch. 27).
Clara Brett Martin fit une demande d'admission en 1891 à l'Ontario Law Society. Elle fut la première avocate, admise le 2 février 1897. Au Québec, on le verra, ce ne fut qu'à compter du 1er mars 1941 qu'une loi permit l'admission des femmes au Barreau, soit presque 50 ans après l'Ontario.

Kinnear, avocat à Port Colborne, localité située à une trentaine de kilomètres de Niagara Falls. Son père était si fier de sa fille qu'il a changé le nom de l'étude en « Kinnear & Kinnear ».

Après la mort subite de Louis Kinnear en 1924, elle exerce seule jusqu'à ce qu'elle soit nommée juge par le gouvernement fédéral en 1943.

Helen Kinnear a collectionné une série de « premières » :

1) En 1934, elle est la première femme de l'Empire britannique à recevoir l'honneur d'être nommée *conseiller du roi* (Margaret Paton Hyndman fut la seconde en 1938). Au Québec, c'est à Me Elisabeth Monk que revient ce premier honneur.

2) En 1935, Helen Kinnear devient la première avocate à comparaître et à plaider devant la Cour suprême du Canada, après avoir été aussi la première devant les tribunaux de première instance et d'appel en Ontario (à la même époque au Québec, les femmes n'étaient pas encore admises au Barreau ni n'avaient, d'ailleurs, le droit de voter).

3) Puis en 1943, elle devient la première femme du Commonwealth à être nommée juge d'une cour de comté.

Alors qu'Emily Murphy était devenue magistrat sans avoir fait d'études universitaires de droit, Helen A. Kinnear fut la première femme avocate à être nommée juge par le gouvernement du Canada. Il faudra toutefois attendre encore 26 ans avant qu'une femme soit appelée à siéger à une cour supérieure au Canada.

Les circonstances entourant sa nomination sont intéressantes. Attirée par la politique, Helen Kinnear y a consacré plusieurs années de sa vie, suivant en cela les traces de son père, qui avait été candidat libéral du comté de Welland en 1911. Sans succès toutefois. En 1941, elle obtient la nomination libérale pour ce même comté. Cependant, elle ne fut pas la deuxième femme[21] à obtenir un siège au Parlement parce que le Canada était alors en guerre et que l'honorable Humphrey Mitchell, qui venait de prendre le portefeuille du ministre du Travail, n'avait pas de siège au Parlement. C'est ainsi que l'on demanda à Helen Kinnear d'abandonner sa nomination, ce qu'elle accepta, pour permettre à un collègue libéral de se présenter dans une élection complémentaire dans Welland. Les femmes qui avaient l'audace de se présenter devant un électorat étaient pourtant si rares à l'époque. Le ministre de la Justice Louis St-Laurent la nomme donc à la magistrature le 22 avril 1943, à la Cour du comté d'Haldimand, dont le siège se situe à Cayuga, sa ville natale. Elle est la seule femme sur 63 juges des cours de comté en Ontario et la première juge de ce niveau dans tout le Commonwealth britannique.

Une fois juge, elle fut nommée par le gouvernement canadien en 1954 membre de deux Commissions royales sur le droit criminel[22], et en 1959 membre du « Minister's Advisory Committee on the treatment of the offender » de l'Ontario.

21. La première députée au Parlement du Canada fut Agnes Campbell MacPhail en 1921. Elle a fondé la *Elizabeth Fry Society*.
22. The Royal Commission for the Criminal Law Relating to Sexual Psychopaths et the Royal Commission Relating to the Defense of Insanity (les Commissions McRuer).

Helen Alice Kinnear

De 1952 à 1954, elle présida la nouvelle Association des juges de la Jeunesse et de la famille d'Ontario[23]. Une femme, première présidente d'une nouvelle association. Pas mal pour l'époque !

Elle prit sa retraite en octobre 1962, fut conférencière à Toronto et reçut en 1965 la décoration de la John Howard Society pour services humanitaires rendus. Elle fut la première femme à recevoir cette distinction.

Elle est décédée le 25 avril 1970, à l'âge de 75 ans. Un timbre commémoratif a aussi été émis en son honneur, à l'occasion de la Journée Internationale de la femme du 8 mars 1993.

23. *Juvenile and Family Court Judges Association of Ontario.*

Pendant les 20 ans de sa carrière de juge, Helen Kinnear fut la seule femme juge non seulement en Ontario, mais dans le pays en entier.

Elle dut se sentir seule et sans modèle d'inspiration. Emily Murphy était décédée au moment de sa nomination à titre de juge, mais Helen Kinnear avait sûrement suivi avec intérêt et solidarité le combat des cinq femmes devant les tribunaux, entre 1921 et 1929, pour obtenir la reconnaissance du droit à une nomination possible au Sénat. Elle plaidait alors régulièrement devant les tribunaux et a dû savoir qu'Emily Murphy était juge en matière pénale. Mais il est peu probable qu'elles se soient rencontrées...

Ce ne fut que plus d'un an après la retraite d'Helen Kinnear que le gouvernement fédéral nomma, en 1964, Me Mary J. Batten juge à la Cour de district de la Saskatchewan. Et c'est vingt ans plus tard encore que Madame la juge Batten devint juge en chef de la Cour supérieure de cette province, en 1983. Le mouvement de l'horloge du temps battait bien lentement pour ces défricheuses. De 20 ans en 20 ans...

* * *

CHAPITRE II

L'ACCÈS DES FEMMES QUÉBÉCOISES À L'AUTONOMIE

Le droit de voter

Au Québec, l'accès des femmes à l'autonomie fut plus lent. Considérées comme des mini-incapables jusqu'en 1940, les femmes du Québec ne pouvaient pas voter, ne pouvaient pas être propriétaires de biens immeubles ou administrer un compte de banque sans l'accord de leur mari et ne pouvaient pas exercer la profession d'avocat.

L'histoire de l'obtention du droit de vote pour les femmes du Québec et celle de leur accès aux professions juridiques sont intimement liées. Elles se sont déployées de façon parallèle et ressemblent à un roman écrit à plusieurs mains.

Fait curieux au Québec, entre 1791 et 1834, les femmes qui étaient propriétaires immobiliers pouvaient voter. De fait, seules les veuves ou les célibataires ont pu bénéficier de ce droit, puisque les droits de propriété étaient détenus au nom du chef de famille masculin. Mais, en 1834 et en 1849, des lois du Parlement canadien interdirent aux femmes de voter ou d'être élues à des fonctions publiques.

En effet, sous le Canada-Uni [1840-1867], une loi est adoptée en 1849[24] qui déclare qu'aucune femme n'est admise à voter dans quelque élection que ce soit, qu'elle soit de comté, de circonscription, de municipa-

24. 12 Vict., c. 27, s. 46.

lité ou ville ou pour élire un membre d'une Assemblée législative.

Après une période de dormance de plus de 30 ans, un premier mouvement en faveur du vote des femmes a été créé à Montréal en 1883. Ce fut le début d'une très longue lutte jusqu'au 25 avril 1940, date où fut sanctionnée la *Loi accordant aux femmes le droit de vote et d'éligibilité*[25].

Grâce à des historiennes, de nombreux écrits ont raconté l'histoire de cette lutte intense des femmes québécoises pour obtenir des droits civiques[26]. Une pièce de théâtre a même été écrite à l'occasion du 40e anniversaire le 25 avril 1980, et jouée lors du 50e anniversaire en 1990 : *L'incroyable histoire de la lutte que quelques-unes ont menée pour obtenir le droit de vote pour toutes*[27].

Il faut noter que la proclamation par les Nations Unies, en 1975, de la décennie des femmes et de l'Année internationale de la femme a déclenché partout dans le monde une nouvelle ardeur et un foison-

25. L.Q. 1940, chap. 7.
26. Entre autres écrits, par ordre alphabétique :
Nicolle Forget, *Thérèse Casgrain, la gauchiste en collier de perles*, Éditions Fides, 2013 ; Collectif Clio, *Histoire des femmes au Québec depuis quatre siècles*, Montréal (1re édition 1982), Éd. du Jour, 2e éd., 1992. (Auteures : Micheline Dumont, Michèle Jean, Marie Lavigne et Jennifer Stoddart) ; Maryse Darsigny, *L'épopée du suffrage féminin au Québec (1920-1940)*, Montréal, UQAM/ Relais-femmes, 1990 ; Michèle Jean, *Idola Saint-Jean, féministe (1880-1945)*, dans *Mon héroïne*, Montréal, Éd. du Remue-ménage, 1981 (p. 117 à 148) ; Micheline Dumont, *Le féminisme québécois raconté à Camille*, Éd. du Remue-ménage, 2008 ; Marie Lavigne, Yolande Pinard et Jennifer Stoddart, *« La Fédération nationale Saint-Jean-Baptiste et les revendications féministes au début du 20e siècle »*, dans *Travailleuses et féministes : Les femmes de la société québécoise*, Montréal, Ed. Boréal, 1983, p. 199 à 216 ; Simonne Monet-Chartrand, *Pionnières québécoises et regroupements de femmes*, Éd. du Remue-ménage, 1990 ; et pour terminer, un historien « féministe », Robert Prévost, *Québécoises d'hier et d'aujourd'hui*, profils de 275 femmes hors du commun, Montréal, Éd. A. Stanké, 1985.
27. VLB éditeur, 1990.

nement d'activités autour des femmes créant ici une nouvelle ouverture envers elles : création de prix, publications historiques, émission de timbres postaux canadiens, constitution d'instituts et de centres d'études féminines dans les facultés universitaires de sociologie et d'histoire et, finalement, campagnes de promotion de la présence des femmes dans la vie sociale et politique. On a aussi cherché à connaître, par des modèles du passé, le parcours de celles qui ont mené les premières luttes.

Puisque, le 27 mars 1918, les femmes avaient obtenu le droit de voter aux élections fédérales canadiennes, les femmes du Québec se sont mobilisées et regroupées pour obtenir le même droit pour les élections provinciales au Québec. D'ailleurs entre 1916 et 1925, toutes les provinces ont accordé le droit de vote provincial aux femmes. En 1918, le Royaume-Uni et en 1919 les États-Unis d'Amérique avaient fait de même.

Ainsi Idola Saint-Jean fonde-t-elle, en 1927, l'Alliance canadienne pour le vote des femmes du Québec et en 1928, Thérèse Forget-Casgrain, la Ligue des droits de la femme. Déjà en 1922, le Comité du suffrage provincial avait été créé grâce au travail d'Idola Saint-Jean (qui en devint la secrétaire). Ce comité était co-présidé par Marie Gérin-Lajoie et Anna Lyman, cette dernière étant alors présidente du « Women's Club of Montréal », celui-là même qui avait suggéré, en 1921, qu'Emily Murphy devienne la première sénatrice du Canada.

Au Québec, la résistance au suffrage féminin est tenace. Dès le lendemain de l'obtention du droit de vote au fédéral, Henri Bourassa s'oppose avec véhémence au geste du Parlement fédéral dans son éditorial du 28 mars 1918 dans le journal *Le Devoir*.

> Le parlement a ouvert la porte à l'introduction du féminisme sous sa forme la plus nocive : la femme-électeur, qui engendrera bientôt la femme cabaleur, la femme-télégraphe, la femme souteneur d'élections, puis la femme député, la femme sénateur, la femme avocat, enfin, pour tout dire en un mot : la femme-homme, le monstre hybride et répugnant qui tuera la femme-mère et la femme-femme. La principale fonction de la femme est et restera, quoi que disent ou quoi que fassent ou ne fassent pas les suffragettes, la maternité, qui fait véritablement de la femme l'égale de l'homme et à maints égards, sa supérieure.

En dépit des obstacles, les femmes s'organisent. Le *9 février 1922*, plus de 500 femmes se rendent en train, en calèches et en plein hiver, de Montréal jusqu'à Québec pour rencontrer le Premier ministre Louis-Alexandre Taschereau (que l'on croyait ouvert à l'idée) et d'autres ministres. Le Premier ministre Taschereau met vite fin aux espoirs de la délégation en affirmant que, bien que les femmes obtiendront peut-être le droit de vote dans l'avenir, ce ne sera pas sous son gouvernement que cela se fera. Les évêques et autres hauts dirigeants de l'Église catholique ajoutent leurs voix à l'opposition au suffrage féminin.

C'est ainsi que chaque année, entre 1922 et 1940, une délégation de militantes dut se rendre au « palais législatif » à Québec soit pour réclamer l'adoption d'un projet de loi, soit pour appuyer des projets de lois privés en faveur du droit de vote pour les femmes – sans succès.

Une mention doit être faite à l'égard du député libéral Victor Marchand[28], qui propose pour la première fois le droit de vote pour les femmes le 19 février 1927. L'Assemblée législative défait la proposition, 51 voix à 13, en présence de 14 femmes. Victor Marchand a tout de même créé une brèche.

Le 11 juin 1936, Louis-Alexandre Taschereau démissionne de son poste de Premier ministre et Joseph-Adélard Godbout est assermenté à titre de Premier ministre le 27 juin 1936. Lors des élections qui suivent, le 17 août 1936, l'Union nationale l'emporte, Maurice Duplessis devenant Premier ministre. Joseph-Adélard Godbout perd son siège et c'est Télesphore-Damien Bouchard qui agit comme chef de l'Opposition. Mais Joseph-Adélard Godbout est confirmé dans son poste de Chef du parti libéral lors d'un congrès tenu le 11 juin 1938, ce qui aidera éventuellement la lutte des femmes.

Thérèse Forget-Casgrain, alors proche des milieux politiques libéraux, réussit à participer à ce congrès en compagnie d'une quarantaine de femmes du Club des femmes libérales. Cette participation donne un résultat concret : le suffrage féminin est inscrit au programme du parti libéral du Québec.

Le Premier ministre du Québec, Maurice Duplessis, déclenche des élections pour le 25 octobre 1939 et les perd. Joseph-Adélard Godbout devient Premier ministre du Québec le 8 novembre 1939 et se doit de donner suite au programme de son parti : il parraine donc lui-même le projet de loi octroyant aux femmes le

28. 17 septembre 1982 – 2 juin 1962, député à l'Assemblée législative de 1925 à 1932, puis membre du Conseil législatif jusqu'en 1960.

droit de vote. C'est malgré l'opposition véhémente des évêques catholiques que le Premier ministre réussit à faire sanctionner la loi le 25 avril 1940. En effet, Joseph-Adélard Godbout, devant l'opposition du Cardinal Villeneuve, avait menacé de démissionner de son poste et d'être remplacé par Télesphore-Damien Bouchard, un tribun anticlérical surnommé « le diable de St-Hyacinthe ». Cette menace fait taire les oppositions de son Éminence et des hauts dirigeants religieux. La période de temps où le parti libéral et J.A. Godbout furent dans l'opposition leur avait permis de réfléchir à l'avenir et de considérer l'importance de l'apport possible des femmes à l'approche d'une autre guerre mondiale. Le premier ministre lors du débat sur le projet de loi lance :

> Il y a 100 000 femmes qui gagnent leur vie par leurs propres moyens. Les femmes détiennent plus de 50 % des économies dans les banques. Elles possèdent plus de 75 % du capital investi dans les assurances. Quand est-ce qu'on va se décider à leur donner le droit de vote ?[29]

Joseph-Adélard Godbout, qui avait conservé son âme d'agronome, est enterré au cimetière du village de Frelighsburg, où il a terminé sa vie le 18 septembre 1956. Il était alors sénateur canadien depuis 1949.

29. Source : *L'incroyable histoire de la lutte que quelques-unes ont menée pour obtenir le droit de vote pour toutes*, 1990, VLB Éditeur, p. 46.

CHAPITRE 7

Loi accordant aux femmes le droit de vote et d'éligibilité

[*Sanctionnée le 25 avril 1940*]

SA MAJESTÉ, de l'avis et du consentement du Conseil législatif et de l'Assemblée législative de Québec, décrète ce qui suit:

1. L'article 3 de la Loi électorale de Québec (1 Edouard VIII (2e session), chapitre 8), est modifié: 1 Ed. VIII (2), c. 8, a. 3, am.

a) en insérant, après le troisième alinéa du paragraphe 2°, le suivant:

"La femme non séparée de corps n'a pas d'autre domicile que celui de son mari.";

b) en remplaçant, au début du dernier alinéa dudit paragraphe, les mots "Le fils" par l'expression "L'enfant";

c) en ajoutant le paragraphe suivant:

"14° "Nom et prénom" doivent pour une femme mariée ou veuve s'entendre des nom et prénom du mari joints au mot "Madame" lequel tient lieu de l'indication de profession ou métier." "Nom et prénom".

2. L'article 12 de ladite loi est modifié en remplaçant, dans la première ligne, les mots "du sexe masculin" par les mots "de l'un ou de l'autre sexe". 1 Ed. VIII (2), c. 8, a. 12, am.

3. L'article 122 de ladite loi est modifié en remplaçant, dans la seconde ligne, le mot "six" par le mot "cinq" et en retranchant le paragraphe 1°. Id., a. 122, am.

4. Par dérogation à l'article 14 de ladite loi, il ne sera pas dressé de listes électorales au cours de l'année 1940. Pas de listes en 1940.

Le 25 avril des années-anniversaires marquantes (le 50e en 1990, le 60e en 2000, le 70e etc.), des femmes reconnaissantes vont déposer des gerbes de fleurs à Frelighsburg en souvenir de son apport à l'avancement de la société québécoise.

Alix Casgrain, l'une des petites-filles de Marie-Claire Kirkland-Casgrain et arrière-petite-fille de Perreault Casgrain, membre du gouvernement Godbout (1939-1944), devant la stèle d'Adélard Godbout. (Photo prise par sa mère, Me Julie Latour, en 2009.)

Idola Saint-Jean et Thérèse Forget-Casgrain méritent tout autant notre reconnaissance pour ce déblocage irréversible. C'est ainsi que le 5 décembre 2012, le gouvernement du Québec procéda au dévoilement d'une sculpture de l'artiste Jules Lasalle, pour souligner la contribution de quatre femmes en politique : Marie-Claire Kirkland, Idola Saint-Jean, Marie Lacoste-Gérin-Lajoie et Thérèse Forget-Casgrain. Devant la façade sud de l'hôtel du Parlement, la sculpture est située sur la Grande-Allée à Québec.

QUELQUES DATES DE L'ACQUISITION DU DROIT DE VOTE ET D'ÉLIGIBILITÉ

LIEU	DROIT DE VOTE	DATE D'ÉLIGIBILITÉ
Manitoba	27 janvier 1916	27 janvier 1916
Saskatchewan	14 mars 1916	14 mars 1916
Alberta	19 avril 1916	19 avril 1916
Colombie-Britannique	5 avril 1917	5 avril 1917
Ontario	12 avril 1917	24 avril 1919
Canada (Élections fédérales)	27 mars 1918 (femmes autochtones 1960)	27 mars 1918
Nouvelle Écosse	26 avril 1918	26 avril 1918
Nouveau Brunswick	17 avril 1919	9 mars 1934
Île du Prince Édouard	3 mai 1922	3 mai 1922
Terre-Neuve	13 avril 1922	13 avril 1925
Québec	25 avril 1940 (femmes autochtones 1969)	25 avril 1940
* * * * * *		
Nouvelle Zélande	19 septembre 1893	1919
Australie	1902 (femmes autochtones : 1962)	1902
Royaume-Uni	Novembre 1918 (à 30 ans) 1928 (à 21 ans)	
États-Unis (tous)	1920	
– Wyoming	1869	
– Colorado	1893	
– Utah	1895	

QUELQUES DATES DE L'ACQUISITION DU DROIT DE VOTE ET D'ÉLIGIBILITÉ (*suite*)

LIEU	DROIT DE VOTE	DATE D'ÉLIGIBILITÉ
– Idaho	1896	
– Washington	1910	
– California	1911	
– New York	1917	
Norvège	11 juin 1913	
France	21 avril 1944	21 avril 1944
Italie	1945	
Belgique	27 mars 1945 26 juillet 1948	
Suisse	7 février 1971	7 février 1971
Turquie	1934	1934

L'accès à la pratique du droit

Annie MacDonald Langstaff (1887-1975)

Annie MacDonald Langstaff.
La photographie provient des archives de la
Faculté de droit, Université McGill.

C'est à Annie MacDonald Langstaff que l'on doit d'avoir défriché la voie vers l'admission des femmes au Barreau, donc à la pratique du droit. Née à Alexandria en Ontario en 1887, femme brillante et courageuse, elle devient en 1914 la première diplômée en droit de l'Université McGill, et la première diplômée en droit au Québec. Mais le Barreau du Québec, qui contrôle l'entrée à la pratique du droit, lui refuse tout accès aux examens d'admission à cause de son sexe et, au surplus, parce qu'elle était « sous autorité maritale », c'est-à-dire mariée. Madame Langstaff s'adresse alors par requête en *mandamus* à la Cour supérieure. Le 12 février 1915, le juge Henri-Césaire (Berryer) Saint-Pierre[30] rejette sa demande d'admission pour les motifs qui suivent, écrits en anglais[31] :

> [...] *but I hold that to admit a woman and more particularly a married woman* as barrister, that is to say, as a person who pleads cases at the Bar before judges or juries in open court and in the presence of the public, would be nothing short of a direct infringement upon public order and a manifest violation of the law of good morals and public decency.

Le juge invoque ensuite la coutume et l'usage de milliers d'années sans que les femmes ne soient admises à la profession d'avocat pour rejeter la requête. Puis, après le dispositif du jugement, il ajoute un commentaire que l'on qualifierait aujourd'hui de paternaliste :

> The proof filed in the record I have before me shows that the petitioner in the present case is a young woman of good morals and that she is possessed of considerable ability. After what I have said above, she will no doubt understand that her ambition in life should be directed towards the seeking of a field of labor more suitable to her sex and more likely to ensure for her the success in life to which her irreproachable conduct and remarkable talents give her the right to aspire.[32]

C'est peut-être ces propos qui ont inspiré l'éditorial d'Henri Bourassa le 28 mars 1918 cité plus tôt.

Annie MacDonald Langstaff porte le jugement du 12 février 1915 en appel. Le 2 novembre de la même

30. 13 septembre 1842 – 8 janvier 1916 – nommé juge en 1902.
31. *Dame Langstaff* c. *The Bar of the Province of Quebec*, (1915) 47 C.S. 131, 139.
32. *Ibid.*, p. 145.

année, quatre des cinq juges de la Cour d'appel confirment le jugement de première instance pour à peu près les mêmes motifs[33].

Les juges ajoutent un motif : elle n'aurait pas reçu l'autorisation de son mari pour entreprendre ses études de droit. Or, il appert qu'Annie doit élever seule sa fille, qu'elle n'a pas vu son mari depuis 1906 et ne sait plus où il habite. C'est d'ailleurs en raison de cet abandon qu'Annie dut se chercher un emploi et qu'elle fut engagée en 1911 comme préposée au cabinet d'avocats Jacobs, Hall et Garneau à Montréal. Grâce aux encouragements de Me Samuel W. Jacobs, à qui Annie avait exprimé son intérêt pour des études de droit, elle fut admise à l'Université McGill dès le 28 septembre 1911. Après qu'elle eut terminé au rang de 4e de sa classe en 1914, Me Jacobs entreprit pour elle les procédures judiciaires déjà mentionnées pour obtenir son admission à la pratique du droit.

L'arrêt de la Cour d'appel comprend néanmoins une dissidence intéressante : celle du juge Joseph Lavergne[34].

Celui-ci s'inspire de l'expérience des États-Unis, de la France et des pays scandinaves pour dire que les « femmes devraient être bienvenues à être admises aux professions libérales, notamment à celle du Barreau » :

> À l'appui de cette opinion, je pourrais référer aux notes faites par le savant procureur de l'appelante, dans lesquelles j'abonde absolument. Je crois qu'une femme de la province de Québec devrait être bienvenue à l'admission de toutes les professions libérales.

33. *Dame Langstaff* c. *The Bar of the Province of Quebec*, [1916] 25 B.R. 11, 14 ; le juge en chef H. Archambault et les juges Trenholme, Lavergne (diss.), Carroll et Pelletier.
34. 29 octobre 1847 – 9 janvier 1922 ; associé de Sir Wilfrid Laurier, il fut nommé juge à la Cour supérieure en 1897 puis à la Cour d'appel en 1906.

> Maintenant je dirai un mot sur la question économique. Je ne répondrai que d'une manière. Est-ce une idée qui répugne que les femmes soient admises aux professions libérales ? Je répondrai en citant la loi de plusieurs pays. Dans plusieurs des États-Unis, les femmes sont admises aux professions libérales et notamment à la profession d'avocat. On ne dira pas que les États-Unis sont des pays barbares.
>
> En France, je ne dirai pas que les femmes sont admises à toutes les professions libérales, mais elles sont admises à la profession d'avocat.
>
> Dans les états scandinaves, qui sont aussi des pays parfaitement civilisés, les femmes sont admises à l'étude et à la pratique des professions libérales.
>
> Dans les États-Unis, la France, les pays scandinaves et dans la plupart des provinces du Canada, les femmes sont admises aux professions libérales et notamment au Barreau.
>
> En quoi l'idée d'admettre les femmes à cette profession, pourrait-elle répugner ? Je dis cela simplement en réponse au savant juge de première instance, qui me paraît scandalisé de ce qu'il ait pu entrer dans l'idée d'une femme de se faire admettre à l'étude du droit.
>
> Je n'en dirai pas davantage, je crois que les femmes devraient être bienvenues à être admises aux professions libérales, notamment à celle du Barreau.

De son côté, le juge Louis-Philippe Pelletier émet l'avis que, dans l'état de la loi en 1915, les femmes ne peuvent être admises à la pratique du droit :

> Il me semble que ce n'est pas à cette cour de dire s'il serait sage ou non d'admettre les femmes à l'exercice de la profession d'avocat. Nous n'avons qu'à interpréter la loi et ce n'est pas à nous qu'il appartient de créer une chose aussi nouvelle que celle de changer le rôle que la femme a toujours joué, jusqu'à présent, dans notre organisation sociale et économique. Si le législateur trouve que les femmes doivent

> maintenant sortir du foyer conjugal ou domestique et être admises à l'exercice de la profession d'avocat, c'est à lui de le dire. Si le législateur vient à cette conclusion, il devra, je présume, déterminer comment et jusqu'à quel point devra être amendé en même temps l'ensemble de notre législation au sujet de la femme mariée, de la puissance maritale, du pouvoir de la femme commune en biens ou séparée de biens de contracter avec ou sans l'autorisation de son mari.
>
> Il faudrait à la femme mariée – et c'est précisément le cas que nous avons devant nous – plus de pouvoirs et moins de restrictions qu'il y en a maintenant dans le Code pour lui permettre de contracter avec ses clients, de les rendre envers elle et d'être envers eux légalement obligée dans tous les cas, si nombreux, qui peuvent se présenter.
>
> En résumé, c'est à la législature qu'il appartient de régler cette question qui est plus difficile et plus complexe qu'on semble le croire à première vue.

Ainsi, le juge Pelletier rappelait l'incapacité de contracter de la femme mariée au Québec et soulignait qu'il faudrait que la femme mariée admise à la pratique obtienne le consentement de son époux pour divers mandats et engagements.

Le juge en chef Archambault, pour sa part, conseille à Mme Langstaff de s'adresser au législateur :

> Ce n'est donc pas aux tribunaux que l'appelante doit s'adresser pour obtenir le droit qu'elle réclame ; c'est à la législature de Québec.
>
> Seule cette législature peut lui permettre d'être admise à l'étude et à la profession d'avocat, soit par une loi privée concernant exclusivement l'appelante, soit par une loi publique déclarant que les membres des deux sexes peuvent exercer la profession d'avocat.

À la suite de son échec devant les tribunaux, Annie MacDonald Langstaff dut travailler comme sténographe, recherchiste-assistante juridique, administratrice, à l'emploi du même cabinet, Jacobs, Hall, Couture & Fitch, qui deviendra Jacobs, Philipps, Philipps & Vineberg, puis Davies Ward Philipps & Vineberg. Elle y restera 60 ans.

Il faut rendre hommage aux efforts audacieux et déterminés de Me Samuel W. Jacobs[35], qui a plaidé la cause d'Annie MacDonald Langstaff devant la Cour supérieure et la Cour d'appel. La dissidence du juge Lavergne a puisé dans les arguments présentés par Me Jacobs. Ultérieurement, Me Jacobs a tenté de présenter un projet de loi privé pour faire admettre Annie Langstaff, mais sans résultat.

Durant sa carrière, Madame MacDonald Langstaff a publié des articles sur des problématiques reliées au droit de la famille dans des journaux féminins ainsi qu'un Dictionnaire de droit français-anglais et anglais-français (Wilson Lafleur 1937) démontrant ses aptitudes linguistiques. Elle se passionna pour l'aviation et participa comme pilote en 1939 à un spectacle pour la visite royale de George VI à Montréal[36].

Entre 1916 et 1931 pas moins de six projets de loi ont été présentés à l'Assemblée législative du Québec visant à obtenir l'admission des femmes à la profession. En vain. De surcroît, en 1929, le Comité provincial du suffrage féminin piloté par Thérèse Casgrain présente une même demande au Conseil général du Barreau du Québec. Toutes ces tentatives visaient à

35. Diplômé en droit de l'Université McGill en 1893.
36. Source : Discours de Me Julie Latour à l'occasion de la Rentrée des Tribunaux le 7 septembre 2006.

faire amender les Règlements du Barreau adoptés le 25 octobre 1917, dont l'article 28 énonçait :

> Nul ne peut être admis à l'étude du droit à moins d'être sujet britannique et de sexe masculin.

Il faut croire que cet article 28 avait été adopté en réponse à l'arrêt de la Cour d'appel de novembre 1915 où la Cour avait dû interpréter la Loi du Barreau et l'intention du législateur après avoir souligné qu'à la différence du Notariat, aucune disposition de la Loi du Barreau n'excluait spécifiquement les femmes. Donc, pour éviter toute ambiguïté, le Barreau avait adopté l'article 28, lequel imitait en cela le texte de la loi de la profession notariale.

En janvier 1941, Mesdames Annie MacDonald Langstaff, Elizabeth Monk et Florence Seymour Bell rencontrent le Premier ministre du Québec, Adélard Godbout, lequel avait montré l'année précédente une détermination sans faille pour l'octroi du droit de vote aux femmes. Elles demandent au Premier ministre de présenter à nouveau un projet de loi qui permettrait aux femmes d'être admises au Barreau. Elles en informent alors le Barreau de Montréal en demandant au Conseil présidé par Me Francis Fauteux de ne pas s'opposer à leur demande. Cette demande est alors déférée au Barreau du Québec avec la recommandation de procéder à un référendum (!) pour consulter les avocats. Or, le Conseil général du Barreau du Québec ne procède pas à la tenue d'un référendum, mais tient un vote le 1er mars 1941 sur une proposition qui appuie la demande.

La résolution est adoptée de justesse, avec la majorité d'une voix[37]. Des membres mécontents demandent la convocation d'une assemblée spéciale du Conseil général du Barreau du Québec sur la question.

Entre-temps, Me Wilfrid Girouard[38], alors bâtonnier du Québec, procureur général et député (on cumulait ces fonctions alors), propose un « Bill » en première lecture pour l'admission des femmes à la profession d'avocat.

À la séance spéciale du Conseil général du Barreau du Québec qui se tient le 29 mars 1941, c'est encore par la majorité d'une voix que l'on refuse de reconsidérer la décision du 1er mars précédent, décision favorable à l'admission des femmes.

C'est donc le 29 avril 1941 que la loi permettant l'admission des femmes à l'exercice du droit est sanctionnée. Une loi déclaratoire toute simple : trois articles, dont seul l'article 1 importe[39] :

37. G.-Édouard Rinfret, *Histoire du Barreau de Montréal*, Éditions Yvon Blais, 1989, p. 89. Édouard Rinfret a été juge à la Cour d'appel à compter du 13 février 1952) puis juge en chef du Québec du 10 août 1977 à sa retraite le 12 mai 1980. Pendant ses années de retraite, il s'est intéressé à l'histoire et a publié cet ouvrage indispensable. Il est décédé le 12 janvier 1994 à l'âge de 89 ans.
38. Né en septembre 1892, député de la Chambre des Communes de 1925 à 1939, il est élu député au Québec en 1939 et devient bâtonnier du Québec (1940-1941) et procureur général sous le gouvernement Godbout. Nommé juge à la Cour supérieure en mai 1942, il prit sa retraite en 1963. Il est décédé le 30 septembre 1980.
39. Statuts du Québec, 5 GEO VI c. 56.

CHAPITRE 56

Loi concernant le Barreau

[Sanctionnée le 29 avril 1941]

SA MAJESTÉ, de l'avis et du consentement du Conseil législatif et de l'Assemblée législative de Québec, décrète ce qui suit:

1. Il est déclaré que rien dans la Loi du barreau (Statuts refondus, 1925, chapitre 210) n'exclut les personnes du sexe féminin de l'admission à l'étude et à la pratique du droit. *Admission des femmes au Barreau.*

2. L'article 29 de ladite loi est modifié en remplaçant le second alinéa par le suivant: *S.R., c. 210, a. 29, am.*

"Cet appel est formé par lettre contenant une copie de la décision, adressée, dans les sept jours de cette décision, au secrétaire-trésorier de ce conseil. L'appel suspend l'exécution de la décision. Celle-ci devient exécutoire aussitôt que l'appel est rejeté ou abandonné et en l'absence d'appel, à l'expiration du délai pour le loger." *Procédure d'appel, etc.*

3. La présente loi entrera en vigueur le jour de sa sanction. *Entrée en vigueur.*

Le Québec fut donc la dernière province à donner le droit de vote aux femmes et à les admettre à l'exercice du droit, durant les années de la Seconde Guerre mondiale.

Quelques femmes demandèrent alors au Barreau de reconnaître les études de droit qu'elles avaient faites soit au Québec, soit à l'extérieur du Québec, ainsi que leur expérience dans des cabinets d'avocats et réclamèrent de ne leur imposer qu'un examen oral. Le

Barreau du Québec insista pour que ces dames se présentent tant à l'examen oral qu'à l'écrit.

Parmi les autres exigences du Barreau pour être admis à la profession, les candidats devaient détenir un baccalauréat ès arts (un B.A.). Madame MacDonald Langstaff fit sa demande d'admission en septembre 1941, mais essuya un refus, car elle ne détenait qu'un baccalauréat en droit (LL.B. ou B.C.L.) que décernait l'Université McGill et non une licence en droit (LL.L.) que décernaient les Universités de Montréal et Laval, où le B.A. était alors une exigence préalable à l'admission à la faculté de droit. Ne détenant pas un baccalauréat ès arts, Annie MacDonald Langstaff ne fut pas admise malgré la nouvelle loi.

Annie MacDonald Langstaff avait alors 55 ans et puisqu'elle devait gagner sa vie, elle continua donc son travail d'assistante de Me Lazarus Philipps[40], jusqu'à ce qu'elle prenne sa retraite en 1965. Elle est décédée dix ans plus tard, le 29 juin 1975 à l'âge de 88 ans.

Mais l'histoire d'Annie finit bien. Sa mémoire est restée vivante. En 1988, l'Université McGill a créé les « Ateliers Annie MacDonald Langstaff » qui servent de forum aux universitaires, aux juges, aux avocats et à des personnes qui œuvrent dans les domaines reliés aux femmes et au droit.

En 1991, le Barreau du Québec accorde à titre posthume le Mérite du Barreau à Mesdames Langstaff, Monk et Seymour Bell.

40. Me Lazarus Philipps devint ensuite sénateur à Ottawa du 9 février 1968 au 10 octobre 1970.

En 2006, le Barreau de Montréal élit Me Julie Latour comme Bâtonnière. À l'occasion de la Journée du Barreau le 7 septembre 2006, Me Latour rend un vibrant hommage à Annie MacDonald Langstaff, elle qui a ouvert la profession aux milliers de femmes qui sont entrées dans la profession depuis 1942. Elle annonce alors que le conseil des anciens bâtonniers du Barreau de Montréal avait accepté sa suggestion de décerner à titre posthume la Médaille du Barreau de Montréal à Annie MacDonald Langstaff.

Me Latour mentionna sa force comme pionnière :

> Elle a incarné au premier plan le courage de mener seule un combat d'avant-garde, qui est la quintessence même du rôle de l'avocat. Les qualités que j'admire chez elle : sa capacité de rêver, sa facilité d'oser, sa détermination, tout autant que l'humilité et la force de grandir dans l'adversité.

Lors de la même cérémonie, le Bâtonnier du Québec, Me Stéphane Rivard, annonçait que le Comité administratif du Barreau du Québec avait adopté une résolution unanime le 22 juin 2006 reconnaissant à titre honorifique Annie MacDonald Langstaff comme membre du Barreau :

> 73.9 NOMINATION POSTHUME DE MADAME ANNIE MACDONALD LANGSTAFF – PROPOSITION DE MADAME LE BÂTONNIER JULIE LATOUR
>
> Rés : Sur proposition dûment appuyée, il est résolu :
>
> De NOMMER à titre posthume Madame Annie MacDonald Langstaff membre honorifique du Barreau du Québec afin d'illustrer non seulement son courage et sa détermination à exercer la profession d'avocate, mais également de souligner son rôle précurseur dans la reconnaissance du droit des femmes à exercer cette profession.

Les avocats, avocates, juges, autorités politiques et invités présents se levèrent tous spontanément et applaudirent longuement et chaleureusement la remise de la Médaille du Barreau de Montréal et du certificat reconnaissant cette admission au Barreau du Québec. Me Lucien Bouchard, ancien Premier ministre du Québec, reçut le tout au nom du cabinet Davies, Ward, Philipps & Vineberg puisque la récipiendaire n'a pas de descendants. La fille d'Annie MacDonald Langstaff, Mary Lesla Langstaff, religieuse de la Congrégation de Ste Croix, était décédée. Me Bouchard, au nom du cabinet d'avocats, a donc alors confié la médaille et les documents au Doyen de la Faculté de droit de l'Université McGill, Me Nicholas Kasirer, pour mémoire et pour compléter les autres archives que détient cette faculté à l'égard d'Annie MacDonald Langstaff.

Ainsi, 31 ans après son décès et 92 ans après sa première demande auprès des autorités du Barreau, notre héroïne devient « Maître Annie MacDonald Langstaff » !

L'on ne pourra jamais souligner suffisamment le courage d'Annie MacDonald, qui non seulement a ouvert toute grande la porte du Barreau pour les femmes des générations subséquentes, mais a été aussi un modèle de courage et de ténacité dans son rôle de mère monoparentale. Son admission comme membre honorifique à titre posthume, en septembre 2006 constitue l'une des plus belles reconnaissances de son immense contribution sociale.

Il faudra lui ériger un monument. Si peu de monuments célèbrent les réalisations de femmes.

* * *

Les premières avocates

Elizabeth C. Monk, Suzanne Raymond Filion, Constance Garner-Short et Marcelle Hémond ont été les quatre premières femmes à être admises au Barreau, en janvier 1942. (Archives du Barreau)

L'historien du Barreau de Montréal, G.-Édouard Rinfret, raconte qu'en janvier 1942, sept nouveaux avocats réussissent les examens du Barreau dont deux femmes : Mesdames Suzanne Raymond Filion et Elizabeth Monk. Elles sont admises au Barreau et prêteront leur serment en septembre 1942[41].

Suzanne Raymond Filion

Madame Suzanne Raymond Filion, première diplômée en droit de l'Université de Montréal à être admise au Barreau, avait reçu plusieurs prix d'excellence. Suzanne Raymond est née le 22 septembre 1917 et a complété un baccalauréat ès arts au Collège Basile Moreau en mai 1936, facteur qui sera important plus tard, puisqu'en 1942 le Barreau exigera le B.A. de tous

41. G.-Édouard Rinfret, *Histoire du Barreau de Montréal*, Éditions Yvon Blais, 1989, p. 89.

ses candidats. Elle obtient une licence en droit en mai 1939. Elle est évidemment la seule femme de sa classe et sa situation à l'époque était plutôt sans issue, les femmes n'étant pas admises au Barreau.

Le 31 mai 1941, elle épouse l'avocat Jean Filion, qui deviendra juge à la Cour provinciale en 1969. Devenue avocate, elle travaillera à ce titre pour la Commission des prix et du commerce pendant les années de guerre. Puis, désirant se consacrer à sa jeune famille, elle quitte le « monde du travail » et elle donne sa démission le 1er mai 1946. Ses enfants élevés, elle retourne aux études au cours des années 60 à l'Université de Montréal, cette fois-ci à la Faculté de théologie et elle obtient un nouveau diplôme. Vers 1965 et pendant une dizaine d'années, elle enseigne les sciences religieuses au niveau secondaire dans diverses institutions. Elle est décédée relativement jeune, à 68 ans, en 1985[42].

Elizabeth Monk

Elizabeth Monk, femme brillante, est en définitive la première avocate à pratiquer cette profession au Québec. Née le 4 août 1898, elle obtient un baccalauréat ès arts en 1919 (Université McGill) et reçoit la médaille d'or du Gouverneur général pour ses meilleurs résultats. Puis, une maîtrise ès arts du Radcliffe College aux États-Unis en 1920, et un baccalauréat en droit (B.C.L.) en 1923 de l'Université McGill d'où elle sort première de la Faculté, récipiendaire de la médaille Elizabeth Torrance. Elle est la première femme à recevoir cette distinction créée en 1865. Me J. Vincent O'Donnell, qui a pratiqué le droit avec

42. Source : Me François Filion, le fils cadet de Suzanne Raymond Filion.

elle, raconte qu'elle aurait aussi dû recevoir le *MacDonald Travel Scholarship*, mais seul un homme pouvait recevoir cette bourse. Me John L. O'Brien en fut le récipiendaire, et il pratiqua le droit plus tard au même cabinet qu'Elizabeth Monk. C'est Me O'Brien lui-même qui relata ce fait à Me O'Donnell.

Ne pouvant être admise au Barreau du Québec, elle se joint à un cabinet d'avocats (l'honorable J.-L. Perron) comme recherchiste. En 1934, elle réussit à obtenir son admission au Barreau de la Nouvelle-Écosse. En 1937, porte-parole de la Ligue des droits de la femme, elle présente un mémoire remarquable devant la Commission royale d'enquête sur les problèmes constitutionnels, soulignant la situation discriminatoire déplorable des femmes au Québec[43].

Elle continua de travailler au Québec, et sa ténacité fut récompensée par son admission au Barreau du Québec en septembre 1942.

Sa carrière professionnelle au Québec s'est alors déployée à Montréal aux cabinets Vallée, Létourneau, puis Tremblay, Monk et Forget, devenu Deschênes, Forget, Normandin et Crépeau, où elle œuvre comme conseil étant devenue conseil de la Reine. En 1966, elle est invitée par Me Louis-Philippe de Grandpré[44] à se joindre à l'étude d'avocats Tansey, De Grandpré, De Grandpré, qui deviendra plus tard Lavery DeBilly, puis Lavery. Elle pratiqua en droit immobilier et commercial surtout.

Elle fut membre du Conseil de la Ville de Montréal (1940), elle présida la *Quebec National Federation of*

43. *Le féminisme québécois raconté à Camille*, Micheline Dumont, Éd. Du Remue-ménage, 2008, p. 77.
44. Me Louis-Philippe De Grandpré fut juge à la Cour suprême du Canada du 24 décembre 1973 au 15 juin 1977.

University Women et la *Canadian Federation of University Women*[45] et elle devint la première avocate du Québec à obtenir le titre de conseiller en loi de la Reine (c.r.) en 1955. Elle est docteure en droit en 1975 et prend sa retraite en 1979. Elle reçoit en 1980 la Médaille du Gouverneur général en reconnaissance de son travail pour l'avancement des droits des femmes au Canada. Elle est décédée le 26 décembre 1980 à l'âge de 82 ans, exactement un jour après le décès de son confrère de classe, John L. O'Brien.

Les conférences Elizabeth-Monk présentées chaque année par le Club des femmes universitaires de Montréal perpétuent sa mémoire et favorisent l'avancement des femmes dans la profession juridique.

Florence Seymour Bell

Déjà, Florence Seymour Bell avait suivi un parcours similaire à celui d'Elizabeth Monk. Secrétaire dans un bureau d'avocats dès l'âge de 16 ans, première diplômée en droit à l'Université McGill (B.C.L., 1920), elle fut admise au Barreau de Nouvelle-Écosse en 1921. Une fois revenue à Montréal, on lui refusa le droit de pratiquer au Québec pour les mêmes raisons qu'Annie MacDonald Langstaff : elle n'avait pas de B.A. Après avoir obtenu un examen oral spécial devant les examinateurs du Barreau du Québec, elle fut finalement admise au Barreau en 1956. Elle pratiqua en droit corporatif et devint très active auprès de la *National Association of Women Lawyers*. Elle fut aussi commandante principale du corps de réserve des *Women Volunteers*. Elle reçut en 1991, à titre posthume, le *Mérite du Barreau du Québec*.

45. G.-Ed. Rinfret, *Histoire du Barreau de Montréal*, *op.cit.*, p. 90.

En décembre 1942, deux autres avocates prêtent serment au Barreau : Mesdames Marcelle Hémond et Constance Garner Short.

Marcelle Hémond

Marcelle Hémond fut la première avocate à plaider devant le tribunal correctionnel de Montréal le 29 janvier 1943[46].

Plus d'un an après sa prestation de serment comme avocate, Marcelle Hémond[47] épouse un avocat, Me Roger Lacoste, le 15 avril 1944. Elle élève ensuite sa famille et s'implique dans des œuvres caritatives tout en pratiquant le droit à l'étude Lacoste et Lacoste. Elle fut nommée conseillère de la Reine (c.r.). Sa carrière reprit de la visibilité en mai 1966 alors qu'elle succède à la fondatrice de l'Hôpital Sainte Justine, sa tante par alliance, Madame Justine Lacoste-Beaubien, une grande bâtisseuse du Québec[48]. Elle accède alors à la présidence après avoir agi comme secrétaire du conseil. Elle dirigera ainsi pendant près de 15 ans cette institution hospitalière de premier plan pour enfants à Montréal après que l'institution eut déménagé sur le chemin de la Côte Sainte-Catherine en 1957. Elle quitta cette fonction d'envergure en juin 1980. De 1987 à 1995, sa fille, Me Justine Lacoste, prit la relève à la barre de l'hôpital.

---

46. Source : www.memoireduquebec.com (femmes).
47. Née le 14 octobre 1910, décédée le 23 février 1984.
48. 1er octobre 1877 – 17 janvier 1967. Une histoire est consacrée à cette grande gestionnaire, écrite par Nicolle Forget, Francine Harel-Giasson et Francine Séguin, *Justine Lacoste-Beaubien et l'hôpital Sainte-Justine*, Ed. Presses de l'Université du Québec et Presses HEC, 1995.

Constance Garner Short

Quant à Constance Garner Short[49], diplômée en droit de l'Université McGill (1936), c'est à elle que revient l'honneur d'avoir été la première avocate à plaider devant la Cour d'appel du Québec. C'était en 1947. Les journaux locaux[50] rapportèrent la nouvelle, et même le commentaire du président de la formation des cinq juges de la Cour d'appel, lequel avait qualifié sa plaidoirie de « clear and concise ». L'arrêt fut publié : *Mlle Carli* c. *Mtl Tramways Co.*, [1947] B.R. 209. Me Constance Short représentait la Montreal Tramways Company et elle eut gain de cause (action en responsabilité et inscription en droit). Toutefois, les arrêtistes l'identifient comme *Mlle Constance G. Short de l'étude Heward, Holden et ass.* (cabinet connu ensuite sous la raison sociale de *McMaster Meighen*).

Voilà le début d'une longue tradition sexiste : celle d'abord de faire une distinction entre l'avocate mariée et non mariée et celle de ne pas lui donner le titre de « maître » comme on le fait pour désigner les avocats masculins. À l'époque, évidemment, une femme mariée eut difficilement pu pratiquer et plaider, d'où le fait que l'on a insisté pour utiliser le vocable « *Mlle* ».

Il importe cependant de souligner l'audace de ce cabinet d'avocats, qui a accepté en 1947 qu'une avocate âgée de 35 ans plaide devant la Cour d'appel et représente un de leurs clients d'importance. Malheureusement, sa carrière ne fut pas assez longue, puisque Constance G. Short est décédée d'un cancer à l'âge de 47 ans.

49. 1912-1959.
50. *Montreal Star*, 15 janvier 1947.

Jeanne d'Arc LeMay

La première avocate admise au Barreau de Québec est Jeanne d'Arc LeMay en 1946. Elle s'est classée première en droit civil. Elle a poursuivi à Londres des études en criminologie. Revenue au Québec, elle dirigea pendant cinq ans le Service des écoles de protection de la Jeunesse et exerça ensuite en pratique privée au cabinet Blain, Piché, Bergeron, Godbout et Emery. Elle fut également membre de la Commission d'enquête Neveu-Castonguay sur la santé et le bien-être social au Québec en 1966.

Elle deviendra juge à la Cour du bien-être social le 11 mars 1970, puis juge à la Cour supérieure le 1er septembre 1976. Elle prit sa retraite le 31 octobre 1993.

* * *

Le notariat[51]

Première profession à être organisée et autogérée dans la province du Bas-Canada, le notariat fit montre d'une opposition plus tenace à l'accès des femmes à cette profession. Depuis les débuts (1847), ne pouvaient être admis à l'étude du notariat que « les sujets britanniques de sexe masculin ». Ce n'est qu'en 1956 que les femmes purent s'inscrire à la Chambre des notaires. Une Loi modifiant la Loi du notariat est sanctionnée le 23 février 1956[52] et remplace le texte de l'article 35, qui énonçait à cette date que « seuls les

51. Sources : 150 ans de notariat (1997), Me Marc Laporte, notaire, *L'Entracte*, le journal de la Chambre des Notaires du Québec ; documentation historique fournie par Me Julie Charbonneau, avocate à la Chambre des notaires.
52. L.Q., 4-5 Eliz II, chap. 62, art. 3.

citoyens canadiens de sexe masculin » pouvaient être admis, par les mots « *seuls les citoyens canadiens de l'un et l'autre sexe* » peuvent être admis à l'étude du notariat.

Louise Dumoulin

Louise Dumoulin, qui fit ses études de droit à l'Université Laval et à l'Université d'Ottawa, est la première à prêter serment le 11 juin 1958, à Québec. Fille d'un avocat devenu juge à la Cour de l'Échiquier à Ottawa (1955), puis juge à la Cour fédérale–division d'appel (1970-1972), et petite-nièce de Louis-Alexandre Taschereau[53], elle annonce alors son projet d'exercer sa profession à Ottawa, « dans le fonctionnarisme si possible ». Elle pratiqua quelques mois à Hull et entra ensuite au service de l'aviation civile canadienne. Il existe une information écrite indiquant qu'elle aurait terminé sa carrière plus tard à titre de vice-présidente du Tribunal de l'aviation civile, mais après vérifications auprès des instances concernées, l'information ne s'est pas avérée.

Bérengère Gaudet

Assermentée le 11 octobre 1960 à Montréal, à l'âge de 22 ans[54], par le juge J.-Ignace Deslauriers, Bérengère Gaudet, diplômée de la faculté de droit de l'Université de Montréal, exerce d'abord sa profession avec l'étude Herschorn, Marler, Common, Tees, puis seule, puis avec l'étude Milette, Gauthier, Rivest, Hogue,

53. Premier ministre du Québec de 1920 à 1936.
54. Née le 5 avril 1938 à Joliette.

Bergeron, Gaudet. Son père, Élisée Gaudet, avocat, exerça à Waterloo avant de devenir protonotaire à la Cour supérieure à Sweetsburg, puis rédacteur des jugements à la Cour supérieure de Montréal. Il est malheureusement décédé six jours après la prestation de serment de sa fille Bérengère. Il avait 60 ans.

La notaire Bérengère Gaudet n'a pas suivi le chemin de carrière classique. Après l'exercice du notariat en pratique privée, elle travaille à la Commission royale d'enquête sur la situation de la femme au Canada (Commission Bird, 1967-1970), où, responsable d'une étude sur le droit de la famille, elle dirige une équipe multidisciplinaire et participe avec Monique Bégin à la rédaction du rapport final de la Commission en 1970. Puis, elle est secrétaire de la Commission d'étude sur le notariat pour la Chambre des notaires (1970-1972), dont elle rédige le rapport.

Elle interrompt ensuite temporairement sa carrière professionnelle pour être plus présente auprès de ses deux enfants, puis entre au Conseil du patronat du Québec comme conseillère juridique et chargée de recherche de 1977 à 1987. Consultante en affaires publiques de 1984 à 1988, elle est nommée en 1988 secrétaire générale et secrétaire du Conseil d'administration de l'Université Concordia, poste qu'elle met sur pied. Elle y restera plus de 10 ans. Depuis, elle se consacre à l'écriture et à bien profiter de la vie. Voici ce qu'elle écrit en 2004 sur la retraite :

> Si l'on veut « bien vieillir » et être heureux à la retraite, il est essentiel de se définir non par ce qu'on fait, mais par ce qu'on est. Nous sommes ce que la vie a fait de nous, c'est-à-dire la somme de nos connaissances, de notre culture, de nos expé-

riences de vie – les pénibles autant que les bonnes – d'où une certaine sagesse acquise au cours des années et qui devrait nous donner des ressources que les jeunes n'ont pas. Autre attitude importante, mais difficile : pas de regrets, pas de nostalgie. La vie est trop courte.

Pour ma part, j'ai commencé à apprécier ma retraite lorsque je me suis enfin libérée de la tyrannie de l'autodiscipline et du perfectionnisme : j'ai appris à ne plus être aussi dure envers moi-même. Je n'ai aucune nostalgie de mon travail. Je ne me sens pas diminuée parce que je n'ai plus ni titre ni fonction administrative, ou parce que j'occupe mon temps à des activités que le milieu du travail trouverait probablement insignifiantes et sûrement improductives ! Je ne fais rien de spectaculaire ni de « glamourous ». Je lis et j'écris beaucoup, je fais des recherches sur la généalogie de ma famille, je voyage avec mon mari ; j'aime aussi jouer au bridge, rencontrer mes amies pour le lunch, aller à des concerts, et je suis encore capable de m'émerveiller devant la beauté des fleurs ou le sourire d'un enfant. Je peux vous dire honnêtement que je ne me suis jamais ennuyée un instant, et je m'étonne parfois d'avoir eu tant d'inquiétudes il y a quelques années. [...][55]

Dans le premier numéro de 1964 de la publication de la Chambre des notaires[56], Bérengère Gaudet avait écrit une chronique sur les femmes notaires où elle fait mention avec joie de l'arrivée de trois nouvelles notaires :

Comme chaque année, l'Ordre des Notaires procédait encore, en juin et octobre 1963, à la prestation du serment de plusieurs nouveaux membres. Dans le groupe, il y avait trois femmes : année record pour la cause féministe ! Il s'agit de Mlles Rita Legault et Paule Mackay et de Mme Nicole Laferrière-Leroux.

55. CUPARUC, vol. 13, nº 2, août 2004.
56. La Voix des Notaires, 1964, p. 3.

Louise Bélanger

Ce n'est qu'après 146 ans d'existence que l'ordre des notaires a élu sa première présidente, la notaire Louise Bélanger, en 1993. Admise à la profession en 1973, elle fut nommée « Personnalité de la semaine » par le journal *La Presse* après son élection. Le notaire Denis Marsolais lui a succédé de 1996 à 2009. Ce dernier devint sous-ministre de la Justice du Québec en 2011 et président de la Commission municipale du Québec le 20 septembre 2012.

* * *

Un coup d'œil du côté des provinces voisines

Clara Brett Martin (Ontario)

La situation vécue par Annie MacDonald n'était pas tout à fait inusitée ! Quand Clara Brett Martin demanda son admission à l'Ontario Law Society, elle essuya un premier refus en 1891, parce qu'elle n'était pas « une personne ». Le parlement ontarien adopta par une petite majorité de voix une loi qui autorisait le Barreau ontarien à admettre les femmes. Toutefois, il fallait ensuite que le Barreau adopte une résolution positive. Le vote sur la résolution adoptée par le Conseil du Barreau ontarien (« the benchers ») en 1897 fut serré. L'éditeur du *Canadian Law Times* le décrit et le commente :

> By a vote of twelve to eleven the Benchers resolved to admit women to practice as solicitors. The vote we believe does not represent the opinion of the profession, nor for that matter the real opinion of the Benchers, some of whom voted either

> out of compliment to the Attorney General, or because they thus got rid of what was likely to prove a troublesome question.

Tout de même, les femmes d'Ontario purent être admises à la pratique du droit, même si leur droit de vote ne fut pas accordé en Ontario avant encore vingt ans, soit le 12 avril 1917. L'Ontario fut ainsi la première province à permettre aux femmes d'être admises à la pratique du droit. Et Clara Brett Martin devint la première avocate au Canada et dans tout l'Empire britannique.

* * *

Mabel Penery French (Nouveau-Brunswick)

Les deux premières femmes inscrites en droit en 1893 et 1896, Edith L. Harrington et Isabel Mowatt, n'ont pas pu pratiquer au Nouveau-Brunswick, puisque le Barreau n'admettait pas les femmes. C'est la troisième diplômée (King's College) qui ébranla l'institution. Mabel Penery French, diplômée de droit en 1905, demande son admission au *New Brunswick Barristers' Society*. L'association, reconnaissant qu'elle répond à toutes les exigences pour son admission à la pratique du droit, veut cependant qu'un tribunal confirme que Mabel French est « bel et bien une personne »[57]. Six juges de la Cour supérieure du Nouveau-Brunswick entendent l'affaire, et cinq déclarent qu'elle n'est pas une personne[58] (un juge s'abstient).

57. Source pour cette partie : Elspeth Tulloch, *Nous les soussignées*, pour le conseil consultatif sur la condition de la femme du Nouveau-Brunswick, 1985, Moncton, N.-B. – Traduction : Pierre Bériault et Noëlla Richard.
58. Reports of Cases, Supreme Court of New Brunswick, vol. 38, 1905, p. 359.

La demande produit tout de même un résultat positif, puisque l'année suivante, en 1906, quelques mois après le jugement, l'Assemblée législative du Nouveau-Brunswick adopte une loi qui permet aux femmes d'être admises au Barreau et cela de façon rétroactive pour celles déjà admises en droit.

Mabel P. French, admise un mois plus tard au Barreau, a mené une courte carrière au Nouveau-Brunswick de près de cinq ans. En 1910, elle déménage à Vancouver en Colombie-Britannique où elle doit recommencer le même combat, puisqu'on lui refuse, là aussi, le droit de pratiquer. Elle essuie en 1911 le même refus de la part de la Cour d'appel de la Colombie-Britannique, car « les femmes ne sont pas des personnes ». Des pressions s'exercent en sa faveur, et l'année suivante, en 1912, une loi est adoptée qui permet aux femmes d'être admises à la pratique du droit.

Que de détermination pour arriver à ces deux victoires et ces précédents canadiens. Mabel Penery French put donc exercer le droit aux deux extrémités du Canada, mais surtout elle a ouvert le chemin pour ses concitoyennes dans deux provinces avant 1915.

La première femme francophone est admise au Barreau du Nouveau-Brunswick en 1953 : Camille Robichaud, qui a suivi ses cours de droit en anglais à l'Université du Nouveau-Brunswick, puisque ce n'est qu'en 1978 qu'on inaugure une Faculté de droit à l'Université de Moncton, laquelle ne dispensera que des cours en français.

Margaret E. Larlee (Nouveau-Brunswick)

Le 1er novembre 1985, Margaret E. Larlee accède à la Cour du Banc de la Reine du Nouveau-Brunswick, une cour de nomination fédérale.

Diplômée en droit en 1974 de l'Université du Nouveau-Brunswick, elle pratique le droit pendant onze ans avant de devenir la première femme juge de nomination fédérale. Elle réalise une seconde première, le 1er avril 1998, lorsqu'elle est promue à la Cour d'appel du Nouveau-Brunswick.

En 2005, la juge Larlee copréside avec la juge Brigitte Robichaud la Commission sur la délimitation des circonscriptions électorales du Nouveau-Brunswick.

Patricia L. Cumming (Nouveau-Brunswick)

C'est cependant Patricia L. Cumming qui fut la première femme à accéder à la magistrature professionnelle du Nouveau-Brunswick. Elle fut nommée juge à la Cour provinciale en 1985, quelques mois avant la juge Larlee. Elle avait obtenu un diplôme de droit en 1973 de la même université.

* * *

Un coup d'œil du côté de la France, de la Belgique et de la Suisse

France

Durant la période de la Révolution française, la question des droits de la femme s'est soulevée. Nicolas Condorcet (1743-1794), élu à la Législative en 1790, réclame l'égalité des droits pour les femmes. Hélas, en 1794, arrêté et emprisonné, il se suicide pour éviter d'être guillotiné. La véritable championne de la revendication des droits pour les femmes c'est Olympe de Gouges (1755-1793), dont le grand-père maternel fut avocat. Elle publia en septembre 1791 sa fameuse *Déclaration des droits de la femme et de la citoyenne* dont il convient de citer trois des articles[59] :

> IV. La liberté et la justice consistent à rendre tout ce qui appartient à autrui ; ainsi l'exercice des droits naturels de la femme n'a de bornes que la tyrannie perpétuelle que l'homme lui oppose ; ces bornes doivent être réformées par les lois de la nature et de la raison.
>
> VI. La loi doit être l'expression de la volonté générale ; [...] elle doit être la même pour tous : toutes les citoyennes et tous les citoyens, étant égaux à ses yeux, doivent être également admissibles à toutes dignités, places et emplois publics, selon leurs capacités, et sans autres distinctions que celles de leurs vertus et de leurs talents.
>
> X. Nul ne doit être inquiété pour ses opinions mêmes fondamentales ; la femme a le droit de monter sur l'échafaud ; elle doit avoir également celui de monter à la tribune, pourvu que ses manifestations ne troublent pas l'ordre public établi par la loi.

59. Benoîte GROULT, *Ainsi soit Olympe de Gouges*, Grasset 2013, p. 158, 159 et 161.

Malheureusement, elle sera victime de l'échafaud en novembre 1793 et la question des droits de la femme sera placée en hibernation pendant plusieurs années malgré les actions de quelques héroïnes telles George Sand, Daniel Stern (Marie d'Agoult), Juliette Adam etc.

L'année du décès de George Sand, en 1876, Hubertine Auclert[60], journaliste française, crée la société Droit des femmes qui devient en 1883 l'Association pour le suffrage des femmes. On lui accorde la maternité de l'expression « féminisme » pour désigner ce qu'on appelait jusqu'alors la lutte pour les droits (civiques) des femmes. Elle lance le 13 février 1881 un hebdomadaire féministe, *La Citoyenne*.

Le 9 décembre 1897, Marguerite Durand[61] lance à Paris *La Fronde*, le premier quotidien rédigé et administré par des femmes, qui mène aussi une campagne pour le droit de vote et les droits économiques des femmes.

Hubertine Auclert et Marguerite Durand présentent leur candidature aux législatives de 1910 en France, mais on refuse ces candidatures féminines, parce qu'elles ne détenaient pas de droits civiques, soit ceux de voter ou d'être admissibles à des fonctions électives. On l'a déjà vu, le droit de vote a été long à acquérir en France. Le suffrage universel avait été instauré en 1848 pour les hommes majeurs.

60. 10 février 1848 (Paris) – 9 avril 1914.
61. 1864-1936. La Bibliothèque Marguerite-Durand située au 79, rue National, XIIIe arrondissement à Paris est riche de ses archives sur les femmes.

Le droit de vote (France)

En 1900, la question du droit de vote pour les femmes est abordée dans un congrès féministe international. Au terme du congrès, une résolution réclame le suffrage universel. On charge alors un député, René Viviani, de déposer un projet de loi à la Chambre. C'est le député Paul Dussosoit qui propose, le 10 juillet 1906, le vote et l'admissibilité des femmes à des fonctions électives. Il n'est pas entendu. Plusieurs moyens d'action s'installent alors jusqu'à la guerre de 1914 : pétitions, affiches sur les murs de Paris, timbres, cartes postales, conférences, etc. La presse paraît favorable, des députés défendent les droits politiques des femmes. Le 8 mai 1919, la Chambre des députés « adopte par 344 voix contre 97[62], l'égalité des droits de l'homme et de la femme devant le suffrage universel »[63] et cela, sur la proposition du député Louis Andrieux, qui l'appuie d'un discours fort éloquent, suivi d'un autre discours aussi vibrant prononcé par Aristide Briand.

Le Sénat, qui doit examiner le projet de loi, nomme un rapporteur hostile au suffrage des femmes. Le Sénat met trois ans avant d'inscrire la question à l'ordre du jour. Certains partis sont favorables, et même le Pape Benoit XV se prononce en faveur du principe en 1918. La loi de la Chambre est refusée par le Sénat par 156 voix contre 134. La Chambre des députés revote en 1925, en 1932 et en 1935, des lois qui donnent le droit de vote aux femmes, mais le Sénat, lent comme une tortue, reste buté dans sa position.

62. D'autres versions indiquent : 329 à 95 voix.
63. Source : Maïté Albistur et Daniel Armogathe, *Histoire du féminisme français du moyen âge à nos jours*, Éditions des femmes, Paris, 1977, p. 381 et s.

Voici comment les auteurs Albistur et Armogathe résument la suite[64] :

> Un mouvement va se distinguer dans cette lutte, *l'Union nationale pour le vote des femmes*, fondé en 1925 par Mme Levert-Chatard. L'Union fit campagne dans les milieux catholiques longtemps réfractaires à l'idée du vote des femmes. De 1931 à 1937 l'U.N.V.F. a organisé 654 réunions à Paris et en province, tenu six congrès nationaux, six congrès régionaux, distribué 400 000 journaux, un nombre considérable de tracts, brochures et conférences ronéotypés. Grâce à son action, 45 municipalités ont eu recours sous des formes diverses à des femmes. (S. Desternes) Invité au congrès de 1934, Paul Valéry déclara : « On veut du suffrage universel et on ne veut pas qu'il soit lui-même. Tout est là. On consent bien, Mesdames, que vous ayez en équité et en raison, tous les droits de participer à l'action politique. Mais on craint l'inconnu que votre intervention électorale entraînerait ; on a peur de déranger des combinaisons bien commodes, disloquer des formations bien éprouvées, ébranler des situations locales ou parlementaires bien assises… Il n'y a pas d'injure plus grave au prestige de ce suffrage universel que de montrer évidemment par les dénis de justice et d'égalité qu'on vous oppose, que son principe même est soumis aux excès de l'intérêt personnel. (Paul Valery, *Problèmes nationaux vus par des femmes*, éd. Du Sagittaire, 1934, pp. 11-12.)

C'est presque 100 ans après le suffrage universel pour les hommes et après une lutte féroce que celui des femmes fut accordé enfin par une ordonnance du 21 avril 1944 du Gouvernement provisoire dirigé par le Général de Gaulle. Les Françaises ne votèrent la première fois qu'en 1945.

---

64. Source : Maïté Albistur et Daniel Armogathe, *Histoire du féminisme français du moyen âge à nos jours*, Éditions des femmes, Paris, 1977, p. 383.

L'admission à la pratique du droit : Jeanne Chauvin (France)

En France, les femmes obtiennent pourtant dès 1884 le droit d'étudier le droit. La première licenciée en droit est une étrangère[65], la Roumaine Sarmiza Bilcescu. Mais les femmes n'ont alors pas le droit d'exercer le métier d'avocat. L'honneur d'être la première Française admise au Barreau de Paris revient à **Jeanne Chauvin** (1862-1926), première docteure en droit en 1892, dont la thèse s'intitule *Des professions accessibles aux femmes en droit romain et en droit français*. En 1897, elle demande publiquement le droit d'être avocate. La Cour d'appel de Paris[66] refuse en invoquant qu'elle ne détient pas de droits civiques.

Il est significatif de constater que la Cour d'appel a fait alors écho aux stéréotypes de l'époque exprimés éloquemment dans une affaire similaire qui s'était présentée neuf ans plus tôt en Belgique. (Voir plus loin Marie Popelin).

Elle fait donc campagne et obtient en 1898 le soutien dynamique de *La Fronde*, le premier quotidien rédigé et administré par des femmes et fondé l'année précédente. Après de longs débats, la loi du 1er décembre 1900 lui ouvre les portes du Barreau. Elle prête serment à Paris le 19 décembre 1900 et pourra plaider en 1907[67].

---

65. Voir Florence Montreynaud, *Le XXe siècle des femmes*, Éditions Nathan, Paris, 1999, pp. 21 et 26.
66. L'affaire *Jeanne Chauvin*, Cour d'appel de Paris, 30 novembre 1897, Dalloz 1898.2.185.
67. Source : Denis Salas, *Les 100 mots de la justice*, Que sais-je ? Presses universitaires de France, 2011.

Maria Vérone sera la première à plaider devant la Cour d'assises de Paris (cour criminelle) en 1908. Très active dans la défense des droits des femmes, elle dirigea, entre autres en 1934, la Ligue française pour les droits des femmes et milita pour l'admission des femmes à la magistrature.

Ce n'est que très tard, en 1976, que **Martine-Luc Thaler** devint la première avocate à plaider devant le Conseil d'État et la Cour de cassation.

* * *

Belgique

Le droit de vote (Belgique)

Parallèlement à la France, la lutte pour obtenir le droit de vote pour les femmes belges commence en 1897 par un congrès international à Bruxelles, organisé par la Ligue belge des femmes, fondée par Marie Popelin.

Tout comme en France, il faudra deux guerres européennes et mondiales avant que n'advienne le succès.

Ainsi, la loi du 15 avril 1920 accorde-t-elle le droit aux femmes de voter aux élections communales belges sauf pour les prostituées et les femmes adultères (!). C'est seulement en 1948 que les femmes peuvent enfin voter aux élections parlementaires et aux élections provinciales, ce qu'elles feront en 1949.

La loi du 15 avril 1920 accorde aussi le droit d'éligibilité. La première sénatrice est élue en 1921, Marie Spaak-Janson, et Lucie Dejardin[68] est la première députée élue à la Chambre des Représentants en 1929. Elle y sera de 1929 à 1936 et ensuite de 1944 à 1945, alors qu'elle décède à Liège le 28 octobre 1945 à l'âge de 70 ans. Elle n'aura donc pas eu le droit de vote aux élections parlementaires. C'est en 1965 qu'une femme devient ministre de la famille et du logement. Il s'agit de Marguerite de Riemaecker-Legot.

L'admission à la pratique du droit : Marie Popelin (Belgique)

Marie Popelin, docteure en droit en 1888, avait fait une demande d'admission au Barreau alors qu'aucune loi n'interdisait le métier d'avocat aux femmes. La Cour de cassation[69] de Bruxelles énonce les raisons suivantes pour justifier son refus à l'accès au Barreau :

> Attendu que la nature particulière de la femme, la faiblesse relative à sa constitution, la réserve inhérente à son sexe, la protection qui lui est nécessaire, sa mission spéciale dans l'humanité, les exigences et les sujétions de la maternité, l'éducation qu'elle doit à ses enfants, la direction du ménage et du foyer domestique confiée à ses soins la placent dans des conditions peu conciliables avec les devoirs de la profession d'avocat et ne lui donnent ni les loisirs, ni la force, ni les aptitudes nécessaires aux luttes et aux fatigues du Barreau.

Ces propos paternalistes imbus de stéréotypes réducteurs à l'égard des femmes furent prononcés, rappelons-le, en 1888. Fort heureusement, cent ans

68. 1875-1945
69. L'affaire *Marie Popelin*, C. Cassation, Bruxelles, 12 décembre 1888, Dalloz 1889.2.33.

plus tard, la société s'est transformée, favorisant l'égalité pour tous d'envisager le travail de son choix.

Née à Schaerbeck en 1846[70], Marie Popelin exerçait le métier d'institutrice lorsqu'à l'âge de 37 ans elle décide d'étudier le droit à l'Université de Bruxelles. Elle devint la première femme docteure en droit. Refusée au Barreau, elle a consacré le reste de sa vie à la lutte contre l'injustice et la discrimination faites aux femmes. Elle fut cofondatrice de la Ligue belge pour les droits des femmes (1892) et organisa des activités de sensibilisation. « Grâce à elle, les femmes pourront déposer leurs économies à la Caisse d'épargne et les retirer sans l'autorisation de leur mari... et faire partie des conseils de famille »[71].

Les femmes obtiennent le droit d'exercer le métier d'avocat en 1922, presque dix ans après le décès de Marie Popelin.

Suisse

Le droit de vote (Suisse)

Le 7 février 2011, les Suissesses ont célébré le 40e anniversaire de l'obtention du droit de vote fédéral. Cette lenteur de la Suisse tient au fait que la question du suffrage féminin devait être soumise à un *référendum* des électeurs masculins. En outre, toute réforme de nature constitutionnelle devait recevoir l'aval de la majorité des 26 cantons de la Confédération suisse qui

70. 17 septembre 1846 – 5 juin 1913.
71. Source : Florence Montreynaud : *Le XXe siècle des femmes*, Nathan, 1999, p. 54, 164.

ont leur propre constitution, parlement et tribunal. Pas une mince affaire.

Marie Goegg-Pouchoulin est une féministe née à Genève le 24 mai 1826 d'une famille d'origine huguenote. Elle crée en 1868 avec deux autres femmes, Marie Faucon et Mathilde Champrenaud, elles-mêmes de Genève, l'Association internationale des femmes. Une première en Suisse. L'Association féministe réclame les droits civils pour les femmes et leur admission à l'université. Elle fonde aussi un journal.

En 1894, elle devient vice-présidente de l'Union des femmes et elle participe à la tenue, en 1896, du premier congrès féministe suisse à Genève, précédant même ceux de Bruxelles et de Paris. Elle est décédée en mars 1899.

Une pétition de 25 000 noms réclamant le droit de vote en 1929 ne donne pas de résultat.

Le 1er février 1959, le canton de Vaud, dans lequel se situe la ville de Lausanne, autorise pour la première fois le droit de vote cantonal. Le droit de vote et l'éligibilité fédérale ne sont accordés que le 7 février 1971. Une curiosité : le canton de Genève élit une mairesse en 1968, alors que celle-ci n'a pas le droit de vote fédéral.

Ruth Dreifuss

Le droit à l'éligibilité fédérale des femmes a ouvert un chemin digne de mention, celui de Ruth Dreifuss. Née à St-Gall le 9 janvier 1940, et après des études en service social et l'obtention d'un diplôme en économie en 1972 de l'Université de Genève, Ruth Dreifuss est élue au Conseil fédéral suisse en mars 1993. Elle est la deuxième femme à y être élue et la première juive. En 1997, elle devient vice-présidente et en 1999, la première Présidente de la Confédération suisse.

Et, beau rattrapage, en septembre 2010, il y a une majorité féminine au Conseil fédéral.

Après avoir quitté le gouvernement suisse le 31 décembre 2002, elle continua à occuper des fonctions auprès de l'Organisation des Nations Unies. Elle fut Chancelière de l'Université de la paix créée par l'ONU et devint membre de la Commission internationale contre la peine capitale, commission de douze membres créée le 7 octobre 2010 par l'ONU, dont le secrétariat est situé à Genève. La Commission est présidée par Federico Mayor, et la Canadienne Louise Arbour y siège aussi.

Le 24 septembre 2012, la Fondation pour Genève a décerné son 20e Prix à Ruth Dreifuss, soulignant son engagement et son action contre la violence et la violation des droits humains. C'est Robert Badinter, ancien Garde des Sceaux (ministre de la Justice) en France, qui fit son éloge (*laudatio*).

Elisabeth Kopp

La première femme élue au Conseil fédéral, le gouvernement suisse, l'avait été neuf ans avant Ruth Dreifuss, le 12 octobre 1984. C'est Elisabeth Kopp, née Iklé le 16 décembre 1936 à Zurich, qui a réussi l'exploit. Elle a fait des études de droit à Zurich (licence, 1960) et a épousé Hans W. Kopp, un avocat d'affaires, en 1960.

Elle dut démissionner de son poste le 13 janvier 1989, après avoir pourtant été élue en décembre 1988 à la vice-présidence pour l'année 1989, dans le but qu'elle devienne la première présidente en 1990. C'est un coup de téléphone à son mari qui fut à l'origine de sa démission. En effet, ayant été informée de rumeurs selon lesquelles une société dont son mari était l'un des administrateurs était soupçonnée de blanchiment d'argent, elle avait téléphoné à Hans Kopp pour le prévenir. Ce dernier avait démissionné aussitôt. Une semaine plus tard, un scandale éclata concernant le recyclage de « narco-dollars ». La presse a fait enquête et a révélé le coup de fil fatidique de madame Kopp. On l'a accusée d'avoir violé le secret de fonction. Sous la pression médiatique, elle a démissionné le 12 décembre 1988 et a quitté ses fonctions ministérielles à la Justice un mois plus tard, le 13 janvier 1989. Elle sera libérée de cette accusation en 1990 par le Tribunal fédéral. Sa carrière fut tout de même ruinée, et la pratique professionnelle de son mari fort altérée. Un film intitulé *Un voyage en hiver* a été réalisé en 2007 par Andres Brütsch sur son destin tragique.

L'admission à la pratique du droit (Suisse)

L'histoire d'Emilie Kempin-Spyri[72] est fascinante et tout aussi remplie de rebondissements que celle d'Emily Murphy. D'ailleurs, deux biographies romancées lui ont été consacrées, une écrite par Eveline Hasler[73] en 1991 en allemand, et l'autre, écrite par Marianne Delfosse parue en 1994, aux éditions Schulthess à Zurich.

72. Source principale : Marianne Delfosse, *Dictionnaire historique de la Suisse (1987-2012)*, Berne.
73. *La femme aux ailes de cire*, Trad. française Colette Kowalski, 1993, Zoé Éditeur, Genève et trad. anglaise, *Flying with Wings of Wax*, par Edna McCown.

Emilie Spyri est née le 18 mars 1853 près de Zurich. Elle épouse, sans l'autorisation paternelle, un pasteur qui gagne difficilement sa vie. Ayant donné naissance à trois enfants entre 1876 et 1879, elle constate qu'elle doit gagner sa vie. Elle décide d'étudier le droit à plus de 30 ans, encore contre l'avis paternel.

Titulaire d'un doctorat en 1887 (une première), elle réclame par requête au tribunal fédéral le droit d'exercer la profession d'avocate que lui refuse le Barreau de Zurich. Elle tente ensuite d'enseigner le droit à l'Université de Zurich et est refusée à nouveau parce qu'elle est une femme.

Elle émigre à New York en 1888 avec mari et enfants, où elle crée son propre emploi en fondant ce qu'on appellerait aujourd'hui une clinique d'aide juridique. Elle réussit aussi à enseigner un cours de droit pour les femmes à l'Université de New York. Elle forme ainsi les premières juristes de New York.

Son mari s'adapte mal aux États-Unis et retourne en Suisse avec deux enfants. Emilie doit aussi rentrer en 1891 pour s'occuper de son fils malade. Sa nouvelle demande d'admission au Barreau de Zurich subit le même sort que la première, mais elle obtient une autorisation spéciale et enseigne à l'Université de Zurich. Les étudiants la rejettent, et elle n'arrive pas à obtenir de promotions.

Séparée de son mari, elle quitte l'Université et va à Berlin en 1895, où elle travaille comme conseillère juridique, traductrice et milite pour le droit de vote féminin en Allemagne. Entre 1892 et 1897, elle écrit plusieurs ouvrages de droit.

Épuisée par toutes ses luttes, atteinte de schizophrénie, elle subit une dépression majeure. Elle entre en 1899 dans une clinique de Bâle, où elle meurt bien jeune, à 48 ans, d'un cancer de l'utérus, le 12 avril 1901.

Son héritage a heureusement été reconnu : en 1898 le Barreau zurichois admet les femmes, et l'une de ses étudiantes est admise au Barreau de l'état de New York en 1889.

L'Université de Zurich a reconnu sa contribution au droit et sa soif de justice en lui érigeant un magnifique monument (*Le fauteuil bleu*) en janvier 2008.

* * *

CHAPITRE III

LES PIONNIÈRES À LA MAGISTRATURE

Gravir la pente menant à la magistrature se fit à petites foulées d'abord, puis à une cadence rapide. Les statistiques concernant les nominations fédérales à travers le Canada illustrent la cadence suivie.

Entre 1943, année de la nomination de la juge Helen Kinnear, et 1980, donc en 37 ans, il y eut 33 nominations de femmes juges (29 nouvelles nominations et 4 promotions à un poste plus élevé).

Puis, entre 1980 et 1985, soit en 5 ans, 26 nominations (21 nouvelles et 5 promotions) et de 1985 à 1990, 5 ans encore : 50 nominations (35 nouvelles et 15 promotions). Ce qui donne un total de 76 nominations féminines en 10 ans par comparaison à 33 durant les premières 37 années.

Après 1990, le rythme continua de croître pour se stabiliser après les années 2000 à environ 33 % en 2013, où, sur 1108 juges de nomination fédérale, 364 juges sont des femmes. Si l'on exclut les juges surnuméraires, la proportion est alors de 42 %.

Malgré la tardiveté de la société québécoise à permettre l'accès des femmes à la pratique du droit, les avocates du Québec ont accumulé plusieurs premières canadiennes en ce qui concerne l'accès à la magistrature, rattrapant ainsi le recul sociologique. L'arrivée des femmes à la magistrature ne se produisit qu'à compter des années 1960, puisqu'il fallait que les avocates québécoises aient acquis suffisamment d'années de pratique dans la profession pour se qualifier à une telle nomination.

Du côté des nominations judiciaires féminines faites par le Québec, l'escalade du sentier fut un peu plus lente, mais le rattrapage plus spectaculaire à compter de l'an 2000.

Entre 1964, année de la nomination de la juge Yvette Dussault-Mailloux, et 1989, soit 25 ans, 20 femmes sont nommées à la magistrature. Puis, de 1989 à 1994 (5 ans), 20 nouvelles nominations et 2 promotions, et pour les 5 années suivantes, 1994 à fin 1999 : 20 nominations et 5 promotions. De l'année 2000 à fin 2005 : 32 nominations, 2 promotions et l'ajout de 13 nominations de juges de paix magistrats en mai 2005. Les femmes juges occupent, au 28 février 2013, 40 % de la magistrature nommée par le Québec (109 sur 270).

L'entrée à la magistrature en général se fit donc lentement, échelon par échelon : d'abord les cours à compétence spécialisée, puis les cours de nomination provinciale et enfin les cours supérieures d'instance et d'appel. La Cour suprême du Canada vient en dernier lieu en 1982.

Thérèse Lemay-Lavoie

La première nomination à la magistrature québécoise est celle de Me Thérèse Lemay-Lavoie. Admise au Barreau en 1950, elle exerce sa profession à St-George-de-Beauce et est nommée le **4 mai 1961** juge à la Cour municipale de la Ville de St-George, de St-George Ouest et de Beauceville. Des fonctions semblables à celles d'Emily Murphy en Alberta en 1917. Dès 1962, elle est vice-présidente de la Conférence des juges municipaux du Québec. Dans la famille Lemay, il y aura trois femmes avocates : une rareté pour l'époque et encore aujourd'hui ! Les deux autres sont : Jeanne d'Arc LeMay (Warren), première admise au Barreau à Québec (1946), qui devient juge de nomination provinciale (Cour du bien-être social) en 1970, puis juge de nomination fédérale le 1er septembre 1976, et Me Édith Lemay, laquelle fit carrière comme conseillère juridique au ministère des Communications du gouvernement du Québec.

La Cour municipale de ville de St-George n'était pas alors une cour permanente dont les juges avaient le statut de juge de nomination provinciale. C'est Micheline Corbeil-Laramée qui fut nommée, en 1982, la première femme juge d'une cour municipale permanente, soit la Cour municipale de Montréal.

Yvette Dussault-Mailloux

Le **1er mai 1964**, Me Yvette Dussault-Mailloux est nommée juge à la Cour de bien-être social à Montréal, devenue le Tribunal de la Jeunesse en 1979, puis la Chambre de la jeunesse de la Cour du Québec en 1988. Née à St-Césaire au sud de Montréal le 1er décembre 1925, admise au Barreau en 1952, elle a exercé en pratique privée avec Me Jean-Marie Nadeau, c.r., et Me André Nadeau, c.r. Durant sa carrière à la magistrature, elle devient en 1979 juge à la Cour provinciale du Québec puis vice-présidente adjointe du Tribunal de l'expropriation. Il faut souligner son travail à titre de secrétaire du comité de révision du Code civil de 1960 à 1964. Le travail de comité a été important pour les femmes, car il a mené à la loi qui a mis fin en 1964 à l'incapacité juridique des femmes mariées au Québec. Elle prit sa retraite le 1er mai 1989 et est décédée, à l'âge de 71 ans, le 16 octobre 1997.

Marguerite Choquette

Une deuxième nomination à un tribunal de droit commun, cette fois à Québec le **4 mai 1965** : Me Marguerite Choquette devient juge au même tribunal, la Cour de bien-être social, à Québec. Née le 17 juin 1924, admise au Barreau en 1950, elle fit un stage d'études au London School of Economics et obtint un doctorat en droit de l'Université de Paris. De retour à Québec, elle exerce au cabinet Bouffard, Turgeon, Larochelle, Amyot et Choquette tout en étant professeure chargée de cours à la Faculté de droit de l'Université de Laval. Après avoir agi à titre de régisseure à la Régie des Alcools du Québec (1961), elle accède à la magistrature provinciale en 1965. Le père et le grand-père de la juge Choquette étaient juges. Marguerite Choquette a aussi deux frères juges à la Cour du Québec. Elle prit sa retraite après 25 ans à la magistrature, le 4 avril 1991.

Marie-Claire Kirkland

Marie-Claire Kirkland
(Photographie fournie par sa fille, Me Lynne-Marie Casgrain)

Me Marie-Claire Kirkland fait son entrée à la magistrature en **février 1973**, après avoir fait une entrée en scène remarquable à l'Assemblée nationale du Québec le 14 décembre 1961 à titre de première députée du Québec. Les femmes du Québec doivent beaucoup à cette avocate, née à Palmer au Massachusetts le 8 septembre 1924, admise au Barreau en 1952. Fille unique, c'est son père, féministe, qui l'encourage à étudier le droit. Elle a exercé au cabinet Cerini et Jamieson pendant dix ans. En 1961, son père, Dr Charles-Aimé Kirkland, député de la circonscription montréalaise de Jacques-Cartier, décède et une élection partielle est décrétée. Marie-Claire Kirkland-Casgrain y est élue à

37 ans. Première femme députée, elle refuse de porter un chapeau à l'Assemblée nationale malgré la tradition qui veut qu'une femme doive être coiffée d'un chapeau.

Elle doit faire face à nouveau à une élection lors des élections générales de 1962. Encore une fois, elle est élue avec une forte majorité. Jean Lesage, nouveau premier ministre du Québec lui confère un ministère sans portefeuille. Elle devient ainsi la première femme ministre du Québec. Mais elle ne peut signer seule un bail à Québec, où elle doit s'installer durant les sessions de l'Assemblée législative, et elle ne peut détenir un compte de banque sans l'autorisation écrite de son mari, un choc pour elle. Cette mère de trois enfants présente, en 1964, le *Projet de loi 16*, qui met fin alors à l'incapacité juridique de la femme mariée. La loi est entrée en vigueur le 1er juillet 1964[74] et est incorporée au *Code civil du Québec*. Elle fait ainsi écho aux revendications répétées des milieux féministes.

Il faut rappeler qu'une commission d'enquête sur la situation de la femme avait été instituée en 1929 par le premier ministre Taschereau, qui voulait calmer les féministes à qui on refusait chaque année l'adoption d'un projet de loi qui leur octroierait le droit de vote. La Commission Dorion, présidée par le juge Charles-Edouard Dorion[75], est composée de quatre juristes masculins, francophones et catholiques[76], malgré des demandes d'y inclure une femme. Le premier rapport, daté du 6 février 1930, tient un discours traditionaliste

74. S.Q. 1964, ch. 66.

75. Charles-Edouard Dorion, né à Québec le 16 novembre1869, est le neveu du juge en chef Sir Antoine-Aimé Dorion. Docteur en droit, il fut professeur de droit, doyen de la faculté de droit de l'Université Laval (1921-1928). Nommé juge à la Cour supérieure en 1911, muté à la Cour d'appel en 1920. Il est décédé le 4 mars 1946.

76. Source et détails : *L'histoire des femmes au Québec*, Le Collectif Clio, auteures : Micheline Dumont, Michèle Stanton Jean, Marie Lavigne et Jennifer Stoddart, 2e édition, Le Jour Éditeur, 1992, p. 350 et s.

d'un ton qui prend aujourd'hui une allure fort paternaliste en ce qui concerne le rôle des femmes, surtout celles qui sont mariées[77] :

> L'émancipation de la femme est un mot qui s'associe à la fois à la question des droits civils et à celle des droits politiques de la femme. Mais la condition privée et la condition publique de la femme sont deux domaines différents : et il arrive trop souvent – nous en avons été témoins – qu'on les confonde, qu'on fasse chevaucher l'une sur l'autre, deux tendances féministes qui ne sont pas de même source, ni d'égale portée.
>
> Et il est bien possible que le rappel en public de certaines imperfections du droit civil ait pour résultat, sinon pour but, d'attirer sur la question du suffrage féminin une attention féminine qui s'obstine à ne pas s'y intéresser. Ainsi observons-nous qu'on lie une question à l'autre en prétendant que l'incapacité privée et l'incapacité publique de la femme n'existent toutes deux qu'à cause d'une infériorité de la femme sans rapport avec sa faiblesse physique. Or, comme il est impossible à l'homme de démontrer sa supériorité intellectuelle, la femme paraît pouvoir démontrer victorieusement et facilement son *droit* à l'égalité civile et politique.
>
> Seulement, elle appuie son raisonnement sur une base inexistante : l'incapacité juridique de la femme n'a pas pour cause sa faiblesse, elle ne procède aucunement d'une infériorité elle-même inexistante. La preuve en est évidente, puisque, nous l'avons vu, en matière civile, la femme, libre des liens du mariage, est reconnue par le législateur, comme égale à l'homme, et que l'incapacité de la femme mariée est uniquement déterminée par la nécessité de protéger la famille en y établissant l'ordre. De même en matière publique, nul ne songe même à contester la compétence de la femme à voter de façon aussi intelligente qu'il peut arriver à l'homme de le faire ; et la grosse question est seulement ici de savoir si ce sera un bien ou un mal social d'introduire dans la vie publique celles qui, par leur nature même, sont, sauf exceptions, appelées à remplir, dans la vie familiale

77. Le premier rapport de la Commission Dorion est publié dans la *Revue du Notariat* vol. 32, 1929-1930, p. 229 à 249 et p. 269 à 276.

> et sociale, des fonctions, délicates et déjà absorbantes, qui paraissent à beaucoup d'esprits, masculins et féminins, incompatibles avec l'exercice et les rudes exigences de la souveraineté populaire. Ici encore, donc, il y en a, de ces esprits qui se demandent si ce n'est pas aux dépens de la famille que la collectivité nationale profitera de la collaboration directe de la femme se faisant homme public – si ceci ne tuera pas cela. [...]

Les rapporteurs continuent ensuite :

> Il n'y a peut-être pas de principe d'ordre divin, de droit naturel qui empêche la femme d'être électrice, députée, sénatrice : – il n'y en a certainement pas qui lui interdise, quand il lui faut gagner sa vie, de s'employer aux métiers honnêtes que l'homme exerce.
>
> D'autre part, le droit naturel, la morale chrétienne – dont le législateur civil est bien forcé de sanctionner les règles d'ordre social, parce qu'elles sont à la base du droit positif – précisent nettement les caractères de l'ordre que doivent observer les membres de la famille et la nature de leur rôle respectif. La question ne se pose plus – comme en droit public – de savoir si cet ordre est bon ou s'il est mauvais.
>
> Elle se posera peut-être un jour ; elle se posera sûrement le jour où notre droit privé, collaborateur actuel de nos traditions, aura cessé d'être ce qu'il est et ne protégera plus avec la même fermeté la digue que vient battre avec tant d'acharnement le flot des mœurs déplorables qui, chez nos voisins, fait, surtout parmi les femmes et les enfants, de si nombreuses victimes.
>
> C'est pour conjurer ce malheur que nous suggérons de n'accorder, parmi les réformes législatives, que celles qui laissent intactes l'ordre familial tel que notre peuple l'a toujours conçu, tel qu'il continue de le concevoir. [...]

Pourtant, huit ans plus tôt, dans le numéro du 15 avril 1922 (3e année, no 6) de la *Revue Moderne* publiée à Montréal, sous la direction de Madeleine

Gleason Huguenin[78] (la première journaliste au Québec), on peut lire sous la plume d'Edmond Turcotte[79], un article intitulé « Féminisme rationnel », lequel adopte un ton bien différent et résolument plus moderne :

> [...] Cependant, si la femme a souvent les faiblesses et les vices, et parfois même la stupidité de l'homme, elle lui ressemble aussi beaucoup par les qualités de l'intelligence, par l'esprit, par l'âme, et par la soif de vérité et d'idéal. L'apparente infériorité intellectuelle de la femme n'a rien d'absolu et il semble plutôt que les faits concrets d'ordre général que l'on invoque pour prouver cette infériorité sont la création artificielle de l'égoïsme masculin.

Plus loin, il ajoute :

> Envisagé au point de vue de la justice abstraite, le droit de la femme à l'égalité politique est indiscutable ; mais le problème se complique dès que l'on tente de le résoudre en

78. Madeleine Gleason Huguenin fonde la *Revue Moderne* en 1919. Le 25 février 1922, des lettres patentes constituent une compagnie en vertu de la première partie de la *Loi des compagnies* de 1960 (p. 64 du n° 6 de la *Revue Moderne*) à la suite d'une requête à cette fin signée par trois administrateurs provisoires masculins A. Papineau Mathieu, avocat, J. Albert Valois, gérant et George Moreau, agent de publicité. Madeleine Gleason Huguenin devient présidente de la nouvelle corporation.
79. P. 23 à 25. Edmond Turcotte, né à Lowell au Massachusetts, s'installe à Montréal en 1894 où il devient journaliste. Il signe plusieurs éditoriaux pour le journal libéral *Le Canada* à compter de 1931 et assume la fonction de rédacteur en chef de 1934 jusqu'au 29 avril 1937, alors qu'il démissionne à cause d'une controverse liée à ses positions relatives à la guerre civile espagnole. Edmond Turcotte encense André Malraux, alors âgé de 35 ans, qui visite le Canada pour recueillir des dons pour venir en aide aux blessés de la guerre d'Espagne. Edmond Turcotte avait fondé avec d'autres (J.Ch. Harvey) en 1936, la Société canadienne des droits de l'homme. Il publie en 1938, *Quelques aspects actuels de la presse canadienne* (Institut des études américaines) et en 1942, *Réflexions sur l'avenir des Canadiens français* (éd. Bernard Valiquette). Membre délégué à l'Unesco (Paris) en 1945-1946, il fut ambassadeur du Canada en Suisse jusqu'à 1960 après avoir été membre de la Commission Massey sur le développement des arts, lettres et sciences, commission coprésidée par le père George-Henri Lévesque et dont le rapport a été rédigé en français et en anglais, en grande partie, par la seule membre féminine de la Commission, Hilda Neatby, professeur d'histoire à l'Université de Saskatchewan. [Source : Caroline Désy, *Si loin, si proche, la guerre civile espagnole et le Québec des années trente*, P.U.L. 2004.]

conformité avec certaines exigences pratiques. Ainsi, l'égalité sociale étant beaucoup plus importante que l'égalité politique, on conçoit mal l'exercice du droit de suffrage par un vaste assemblage humain dont le développement moral, intellectuel, et social, demeure entravé par un monstrueux héritage de préjugés et de traditions que l'égoïsme d'un autre groupe, plus fort physiquement, a toujours cru et croit encore de son intérêt de conserver intact. La faculté de porter un jugement sobre et intelligent sur toute question d'ordre général dépend pourtant essentiellement d'une entière liberté d'esprit et d'action.

Pour conclure ainsi :

En dernière analyse, il semble donc que la solution ultime du problème féminin dépende d'abord surtout d'une volte-face sincère dans l'attitude masculine. Il ne faut pas se faire d'illusions. Nous sommes en présence d'un fait accompli, d'un acte de justice élémentaire qui devait fatalement se produire tôt ou tard, et qui, s'il peut paraître prématuré, n'en est pas moins irrévocable. Maintenant que l'égalité politique des sexes est reconnue*, l'intérêt le plus strictement égoïste de l'homme lui dicte très impérieusement d'éliminer chez la femme les causes de cette infériorité artificielle qu'il a si puissamment contribué à créer. Car, tant que la femme pourra être, ou un épouvantail, ou un instrument servile entre les mains de fantoches, d'illuminés, et d'imposteurs, de coteries fanatiques ou d'agitateurs sans scrupules, elle sera une menace constante pour la liberté, pour toutes ces libertés sociales, politiques, civiques et religieuses qui nous ont tant coûté et dont nous ne pouvons tolérer l'éclipse, même temporaire.

* N.D.L.R. – Edmond Turcotte fait allusion au droit de vote accordé aux femmes aux élections fédérales seulement.

La Loi 16 de Claire Kirkland, 35 ans après la mise en place de la Commission Dorion, consacre enfin l'égalité des époux dans la société matrimoniale. La femme mariée a pleine capacité juridique, peut, en cas de danger, choisir un autre domicile que celui du mari, peut (si elle est mariée sous le régime de la séparation de biens)[80] contracter, intenter une action en justice, administrer ses propres biens et en disposer, etc. Une bouffée d'air frais pour les femmes ! C'est la fin de l'infériorité légale des femmes à l'intérieur du mariage, une situation humiliante pour elles.

Marie-Claire Kirkland présente ensuite, en 1973, la Loi qui crée le Conseil du Statut de la femme, un organisme créé dans le sillage de l'action de la Fédération des femmes du Québec (F.F.Q.), fondée en 1966, et de l'une des recommandations de la Commission Bird, la Commission royale d'enquête sur la situation de la femme au Canada, mise en place par le gouvernement fédéral à la fin de 1967[81]. C'est Laurette Champigny-Robillard qui devient en 1964 la première présidente du Conseil du Statut de la femme, elle qui était une membre active de la F.F.Q.

Marie-Claire Kirkland fut réélue députée deux fois : en 1966 et en 1970, dans le nouveau comté de Marguerite-Bourgeoys, dont elle avait choisi le nom, celui d'une femme qui fut la première femme éducatrice et une des fondatrices de Montréal.

Après avoir occupé les postes de ministre des Transports, du Tourisme, de la Chasse et de la Pêche, Madame Kirkland devient ministre des Affaires culturelles (1972-1973) où elle pilote la *Loi sur la protection des biens culturels* et préside à la création de l'Institut de l'Hôtellerie à Montréal.

80. Un grand nombre de couples sont régis par ce régime à cette époque.
81. Florence Bird la préside et Monique Bégin en est la secrétaire. Monique Bégin, l'une des fondatrices de la F.F.Q. deviendra ministre fédérale. (Voir plus loin)

Marie-Claire Kirkland a réussi à conjuguer sa vie professionnelle et sa vie de jeune mère, avec le soutien de sa propre mère, Rose Demers, qui vivait tout près du domicile familial, disait-elle. Elle a vécu sa vie politique avec beaucoup d'intensité et cette vie fut couronnée de grands succès.

Elle quitte le monde de l'action politique en février 1973 pour devenir la première femme juge à la Cour provinciale[82] (ainsi dénommée depuis 1962) et la présidente de la Commission du salaire minimum.

De décembre 1961 à février 1973, soit pendant plus de onze ans, Marie-Claire Kirkland fut donc la seule femme à l'Assemblée nationale du Québec (le salon bleu) et au Conseil des ministres. Lise Bacon, qui lui succède, sera la seule aussi pendant encore trois ans comme députée et ministre. Elles furent évidemment l'objet d'insultes et de quolibets à leur arrivée sur la scène politique, mais elles ne se laissèrent pas démoraliser. En novembre 1976, cinq députées font leur entrée à l'Assemblée nationale. Les portes sont définitivement ouvertes.

Mère de trois enfants dont une deviendra avocate et « ombudsman » et l'autre juge à la Cour supérieure, la juge Kirkland a pris sa retraite le 27 décembre 1990. Elle s'est remariée à un confrère, Me Windham Strover. L'une de ses petites-filles suit ses traces et devient avocate. Marie-Claire Kirkland est titulaire de trois doctorats honorifiques.

---

82. Deux femmes avaient été nommées en 1964 et en 1965 à la Cour de Bien-être social par le gouvernement du Québec : Yvette Dussault-Mailloux et Marguerite Choquette (voir liste n° 1 en annexe).

Ainsi, vingt ans après l'obtention du droit de vote féminin et vingt ans après l'accès des femmes à la pratique du droit, les femmes avaient fait leur entrée, bien timide, dans la vie publique. Par comparaison, en France, dès octobre 1945, trente-trois députées sont élues. Pourquoi cette différence dans le temps d'accès à la vie publique et le nombre de femmes à y parvenir ? L'influence des autorités cléricales et l'accès plus restreint et plus tardif des femmes à l'éducation supérieure ont été probablement des facteurs.

Il faut dire aussi que la société québécoise était attachée à ses traditions, comme en témoigne le rapport Dorion de 1930 (« nous suggérons de n'accorder, parmi les réformes législatives, que celles qui laissent intact l'ordre familial tel que notre peuple l'a toujours conçu, tel qu'il continue de le concevoir... »). Cet ordre familial, héritier de la tradition en Nouvelle-France où les femmes n'atteignaient leur majorité qu'à 25 ans. Elles passaient généralement toutes de la tutelle paternelle à la tutelle maritale, étant mariées souvent avant la vingtaine.

Il fallait éviter « de coiffer la Sainte-Catherine », état auquel les femmes devaient autant que possible se dérober. Coiffer la Sainte-Catherine désignait les jeunes femmes qui à 25 ans n'avaient pas encore « trouvé un mari ».

Selon la tradition, le 25 novembre, jour de fête de Sainte-Catherine (Catherine d'Alexandrie), vierge et martyre du IVe siècle, les « catherinettes » se mettaient une coiffe jaune et verte, « symboles de la foi et de la connaissance ». Au Québec, on fêtait le 25 novembre en mangeant de la « tire Sainte Catherine » ou tire à la mélasse, recette traditionnelle que l'on attribue à Marguerite Bourgeoys, la fondatrice de la Congrégation de Notre-Dame de Montréal, les premières éducatrices en Nouvelle-France. On coiffait aussi le 25 novembre les statues de Sainte Catherine dans les églises, et les jeunes filles encore célibataires venaient prier et implorer la Sainte de les aider à trouver un mari, évitant la disgrâce de mourir célibataire...

Que les temps changent ! À preuve, le 17 septembre 2012, le Québec voit la prestation de serment de Madame Pauline Marois, à titre de première ministre, 72 ans après l'obtention du droit de vote pour les femmes et 30 ans après qu'elle fut élue pour la première fois députée à l'Assemblée nationale, en avril 1981.

* * *

Monique Bégin

Au fédéral, Monique Bégin devient la première Québécoise élue députée à la Chambre des Communes en 1972. Déjà en 1930, Idola Saint-Jean avait sollicité l'électorat à l'élection fédérale de juillet 1930, mais sans réussir à être élue. Titulaire d'une maîtrise en sociologie de l'Université de Montréal, Monique Bégin fit par la suite des études doctorales à la Sorbonne (1961-1963). Elle agit comme Secrétaire générale de la Commission royale d'enquête sur la situation de la femme au Canada de 1967 à 1970. L'une des recommandations de cette Commission Bird[83] en 1980 vise la nomination de femmes juges :

83. Du nom de sa présidente Florence B. Bird, journaliste à la CBC et première femme présidente d'une Commission royale d'enquête fédérale. Le rapport fut déposé le 7 décembre 1970. Florence B. Bird fut ensuite sénatrice canadienne de 1978 à 1983 et est décédée le 18 juillet 1998.

> 33. En conséquence, la Commission recommande que le gouvernement fédéral et les provinces nomment plus de femmes juges dans tous les tribunaux qui relèvent de leurs juridictions respectives.

À cette époque les femmes représentent 1,5 % de la magistrature fédérale, soit 14 sur 889 juges.

Ministre du Revenu (1976-1977), puis ministre de la Santé et du Bien-être social (1977-1984), Monique Bégin entama ensuite une carrière universitaire. Elle fut successivement première titulaire de la Chaire conjointe en Études des femmes Université d'Ottawa-Carleton University (1986-1990), Doyenne de la Faculté des Sciences de la santé à l'Université d'Ottawa (1990-1997) et professeure invitée à l'École de gestion Telfer, présidente de la Commission d'enquête sur l'Éducation en Ontario et membre de la Société royale du Canada ; elle a reçu 15 doctorats honorifiques pour sa contribution aux droits de la personne et aux politiques publiques.

Réjane Laberge-Colas : la grande percée !

Le **20 février 1969**, un événement marquant se produisait pour les femmes dans le droit. Alors que le Québec avait été la dernière province à accorder le droit de vote aux femmes (1940), et ceci après un long débat et une opposition acharnée, et également la dernière province à permettre aux femmes de se présenter aux examens du Barreau[84], le retard fut enfin rattrapé. Les femmes du Québec et du Canada ont retrouvé un sentiment de fierté lorsque le ministre fédéral de la Justice John Turner nommait Me Réjane Laberge-Colas à titre de juge à la Cour supérieure du Québec :

84. *Loi concernant le Barreau*, S.Q. 1941, c. 56 (sanctionnée le 29 avril 1941).

c'était la première fois au Canada et dans le Commonwealth britannique qu'une femme était nommée à une cour supérieure de justice.

Réjane Laberge-Colas

Une première femme juge à la Cour supérieure ! Tout était à inventer : le titre, la terminologie, le costume...

Au début, on s'adresse à elle comme on l'avait toujours fait ! Monsieur le juge ! Rapidement on s'aperçut de l'incongruité du vocable et elle-même souligna le ridicule de la situation. Ainsi au titre habituel de « Votre Seigneurie », s'ajoutèrent « Madame le juge » et quelquefois « votre excellence », et même « Votre Majesté » !

L'expression « Madame la juge » ne fut acceptée et utilisée qu'une vingtaine d'années plus tard (voir plus loin : une première à la Cour d'appel du Québec).

La féminisation des titres et la désexisation terminologique se manifestèrent lentement, mais, le nombre d'avocates et de femmes à la magistrature croissant, le phénomène s'imposa fermement à compter des années 1980-1985. Et le changement dura.

Quant au costume : comment l'adapter avec l'arrivée des femmes ? Les premières avocates ne portaient pas le pantalon. Certaines audacieuses qui portèrent le pantalon durant les années soixante furent même rabrouées par les juges. Pour les premières femmes juges : la jupe noire et la chemise blanche à col rigide et boutons de manchette étaient de rigueur. La chemise était portée sous une veste noire boutonnée, le tout recouvert par une toge noire. Cette toge s'agrémenta de bandes rouges par la suite vers 1975[85].

À ce costume traditionnel, un accessoire : le tricorne, ce chapeau de soie noire à trois pointes en triangle que les juges portaient lors des cérémonies protocolaires et pour se déplacer dans les corridors alors publics des palais de justice. Le juge était généralement précédé d'un personnage sombre et cérémonieux, nommé « l'huissier à la verge noire », tout de noir vêtu et muni d'un énorme bâton noir au bout de ses deux bras allongés et avec lequel il fendait la foule des justiciables, témoins, badauds et curieux en marchant d'un pas alerte et en hurlant : *Passage ! Passage !*

Le port du tricorne était obligé pour l'imposition de la peine capitale en cas de meurtre au premier degré (prémédité). Le juge recueillait le verdict du jury et suivait alors un protocole immémorial : il prenait lentement son tricorne, le posait sur sa tête, enfilait tout aussi lentement des gants noirs et, le corps dressé, il prononçait la peine de mort par pendaison qu'imposait la loi de l'époque et en fixait la date.

85. Le premier rabat dentelle fut porté par l'auteure lors de sa prestation de serment de juge le 17 novembre 1980.

Au Canada, la peine de mort a été abolie le 14 juillet 1976[86] par une faible majorité des députés, à la suite d'un vote libre. Un moratoire sur la peine capitale existait déjà depuis 1967, sauf les cas de meurtre d'un policier ou d'un agent des services correctionnels. C'est à cause de cette exception que la dernière condamnation à la peine capitale a été prononcée au Québec le 21 décembre 1973 par le juge J.-P. Bergeron, qui n'eut d'autre choix que de la prononcer après le verdict de culpabilité prononcé par un jury à l'égard de John Francis Connearney qui avait tué le policier Richard Larente à Ville LaSalle (Montréal). La peine prévue pour le 26 juillet 1974 fut ensuite commuée en emprisonnement à vie.

John F. Connearney, alias John David Skylar, un Américain emprisonné à vie dans un pénitencier du Rhode Island pour meurtre, s'était évadé de prison et était entré au Canada en 1972. Plus tard, à la fin août 1980, il avait participé avec d'autres prisonniers à une tentative d'évasion doublée d'une importante prise de plusieurs otages au pénitencier Laval. Il a été tué à cette occasion, à l'âge de 44 ans[87].

Pour la France, les derniers guillotinés furent Roger Bontemps et Claude Buffet, dits les assassins de Clairvaux, pour le meurtre de l'infirmière et du surveillant de leur prison lors d'une prise d'otages. Leur exécution eut lieu à Paris, le 28 novembre 1972. C'est Me Robert Badinter qui défendait Bontemps. Devenu

86. Les deux dernières exécutions par pendaison au Canada eurent lieu le 10 décembre 1962.
87. Sources : Me J. Tarasofsky, juge à la retraite en 2012, il était l'avocat de la poursuite en 1973. Également, *The Montreal Gazette*, December 22, 1973 et *The Montreal Gazette*, August 26 and 27, 1980.

ministre de la Justice en 1981, il a fait abolir la peine de mort par une loi[88].

La juge Laberge-Colas n'ayant été nommée qu'en 1969, elle n'eut pas à revêtir des gants noirs dans l'exercice de ses fonctions...

Ainsi fut épargné aux femmes, en qui se développe la vie, le pénible devoir d'imposer la mort.

L'on doit cependant à la juge Laberge-Colas l'abolition du port du tricorne.

Réjane Laberge n'aimait pas porter le tricorne, objet lourd et encombrant à coiffer. Elle profita donc de la nomination, le 14 août 1973, du nouveau juge en chef de la Cour supérieure du Québec, l'honorable Jules-O. Deschênes, pour lui suggérer d'abolir le port de ce couvre-chef, puisqu'un moratoire sur l'imposition de la peine capitale était en vigueur depuis 1967. Le juge Jules-O. Deschênes siégeait depuis le 28 avril 1972 à la Cour d'appel du Québec et devenait le premier juge en chef francophone à la Cour supérieure du Québec depuis 1849. Il fut manifestement sensible au plaidoyer de sa collègue. En effet, lorsque les juges de la Cour supérieure reçurent en septembre 1973 un avis les convoquant à sa prestation de serment dans la grande salle du palais de justice de Montréal, ils y trouvèrent la mention spécifique de ne pas porter le tricorne. Ainsi fut abolie d'un trait de plume une tradition devenue obsolète.

Voici une description du parcours de Réjane Laberge-Colas et de son apport à la société québécoise.

88. Source : Laure Adler, *Françoise*, Grasset, 2011, p. 349-350.

Même si elle occupe la première place aux examens du Barreau en 1952, Réjane Laberge-Colas ne se lance pas immédiatement dans la pratique du droit. Passionnée par le chant choral et dotée d'une belle voix de soprano, elle entreprend en 1958 une tournée de plusieurs mois en Europe avec la *Chorale Bach de Montréal*, un ensemble de 35 voix avec lequel elle chante souvent comme soliste. Le chœur visite quatre pays : la Suisse, la France, la Belgique et l'Écosse, sous la direction de Huntley Cameron[89].

C'est à l'occasion de ces concerts qu'elle reverra l'avocat Émile Colas, dont elle avait fait la connaissance lors d'activités de l'Association du Jeune Barreau de Montréal. Émile Colas deviendra son époux et le père de leurs trois garçons.

Les contemporains de Réjane Laberge-Colas à la magistrature bénéficieront du plaisir de ses nombreux concerts privés lors de réunions annuelles. En outre, pendant une quinzaine d'années, la communauté juridique eut le bonheur de l'entendre chanter l'*Ave Maria* de Schubert lors de la Messe rouge à la Chapelle de la cathédrale Notre-Dame, qui marque la Rentrée judiciaire annuelle à Montréal.

Après son tour de chant européen, Réjane entame sa pratique professionnelle comme conseillère juridique d'entreprises pour ensuite pratiquer le droit corporatif au cabinet d'avocats Geoffrion Prud'homme. Sa pratique, loin du litige, ne l'amène pas à plaider

89. Fondée en 1951 par George Little, la *Chorale Bach de Montréal* a donné son dernier concert le 6 avril 1966 à la salle Claude-Champagne de Montréal : *la Passion selon St-Jean de Bach*. Source : L'Encyclopédie canadienne de la musique du Canada.

devant les tribunaux, parcours atypique à l'époque pour une future juge.

Ce n'est qu'à compter des années soixante-dix que l'on vit arriver en plus grand nombre des avocates plaideuses devant les tribunaux. Entre 1942 et 1970, peu d'avocates s'y présentaient, car dans les cabinets d'avocats on ne leur confiait que des mandats qui les tenaient éloignées du prétoire : recherche juridique, droit corporatif ou conseillère juridique. Les emplois hors la pratique privée étaient plus faciles à obtenir, car la fonction publique et les entreprises étaient plus accueillantes pour les nouvelles avocates.

En avril 1965, au moment du 25e anniversaire de l'acquisition du droit de vote, un Sommet pour les femmes se tient à Montréal selon une proposition de Thérèse Casgrain : « *La femme du Québec – Hier et aujourd'hui* ».

La création de la Fédération des femmes du Québec y est alors décidée. On charge l'avocate Réjane Laberge-Colas de rédiger la Charte et les Règlements. Elle en est élue présidente à l'assemblée de fondation le 27 avril 1966. Les personnes suivantes constituent avec elle le premier conseil d'administration (par ordre alphabétique) : Réjane Laberge-Colas (présidente), Colette Beauchamp, Monique Bégin, Rita Cadieux, Simonne Monet Chartrand, Fernande Cantero, Odette Dick, Luce Dumoulin, Nicolle Forget, Marie Gingras, Germaine Goudreault, Cécile Labelle, Pauline Larochelle, Yvette Rousseau, Raymonde Roy et Lise Trudeau.

Réjane Laberge-Colas décrit elle-même plus tard les objectifs de la Fédération des femmes du Québec :

> Notre but initial était de permettre à toutes les femmes du Québec d'accéder à la formation, à l'égalité des chances et à la défense et la protection des droits et libertés sans distinction de race, de langue ou de religion et sans appartenance politique. Grâce à notre engagement, nous avons ouvert la voie à toutes celles qui, aujourd'hui, ont accédé à l'enseignement supérieur et ont choisi une carrière qui leur a permis de se réaliser.[90]

L'action et l'influence de la Fédération des femmes du Québec ont été marquantes pour l'avancement des droits des femmes dans la société québécoise[91].

Puis arrive la date phare pour toutes les femmes œuvrant dans la sphère du droit : le 20 février 1969, elle accède à la magistrature supérieure. Au moment de sa prestation de serment, la nouvelle juge exprime à son juge en chef son inconfort de devoir présider des assises criminelles, n'ayant pas plaidé devant les tribunaux. Le juge en chef Georges E. Challies lui promet de ne pas l'affecter immédiatement à la présidence d'un procès aux Assises. Elle exprimera elle-même ces sentiments à l'occasion de son surnumérariat[92] :

> Je dois admettre que j'ai aimé et que j'aime encore dispenser la justice. Il me fut particulièrement difficile pour moi d'accepter d'embrasser cette carrière, n'ayant jamais plaidé devant les tribunaux et de surcroît étant femme et en plus la première !
>
> Je ne pouvais pas faillir à la tâche, car, du résultat obtenu, dépendait toute une génération de femmes qui commen-

---

90. Lettre adressée à *La Presse* et publiée le 17 octobre 1995.
91. Voir *L'histoire des femmes au Québec*, Le Collectif Clio, Le Jour éditeur, 1992.
92. En octobre 1988, la juge Laberge-Colas quitta son poste de juge régulier pour siéger à temps partiel (juge surnuméraire). Ces paroles ont été prononcées lors d'une fête organisée par une trentaine de ses collègues.

> çaient à accéder à l'enseignement supérieur et qui pouvaient alors espérer, elles aussi, prendre place au sein d'un aréopage jusqu'alors réservé aux mâles.
>
> Toute défaillance de ma part sonnait le glas à tant d'espoir et retardait d'autant la montée progressive des avocates vers de nouveaux sommets. [...]

L'année 1968 marque l'entrée en vigueur de la *Loi sur le divorce*. Jusque-là, les couples ne pouvaient divorcer au Canada que par l'adoption par le Parlement d'une loi privée, processus difficile, long et fort coûteux. Les divorces étaient rares.

Après 1968, on a constaté une augmentation exponentielle des demandes de divorces devant les cours supérieures. Tout était à faire dans ce domaine du droit tout à fait nouveau pour les avocats et la magistrature.

Marie-Christine Laberge, la nièce de Réjane et un peu sa fille spirituelle, étant elle-même devenue juge à la même cour en 1996, résume ainsi la contribution de la première femme juge d'une cour supérieure[93] :

> Elle a beaucoup siégé en droit de famille. Cela représentait à l'époque un immense défi, car les juges devaient établir la jurisprudence et prendre en considération les conséquences de la rupture non plus axées sur la faute conjugale, comme cela était le cas auparavant, mais désormais orientée vers le respect des deux partenaires et de leurs enfants.
>
> Avec ses collègues de l'époque, elle a été un outil de changement et elle a participé de façon significative à l'évolution du droit de la famille. Durant ces années, on a vu se développer le partage du régime de la société d'acquêts, la défiscalisation des pensions alimentaires pour enfant, l'instauration de

93. Discours prononcé lors d'une cérémonie tenue au palais de justice de Montréal le 27 mars 2012 en l'honneur de Réjane Laberge-Colas. La juge Marie-Christine Laberge prit sa retraite le 19 janvier 2013.

la prestation compensatoire et, enfin, le partage du patrimoine familial, les réformes les plus importantes qu'ait connues le Québec aujourd'hui.

Réjane Laberge-Colas eut une belle carrière à la magistrature. Outre ses activités telles que membre du Conseil de l'Université de Montréal (1970-1977), membre du Comité du droit de la famille de l'Office de révision du Code civil (1964-1970) et présidente du comité aviseur du juge en chef, elle constitua avec Me Émile Colas, le 7 juin 2001, le Fonds Réjane Laberge-Colas à la faculté de droit de l'Université de Montréal, afin d'encourager les étudiants à poursuivre leurs études en droit de la famille grâce à un prix d'excellence remis annuellement. Mais surtout, elle fut une figure inspirante pour les jeunes avocates et juges qui ont suivi.

Réjane Laberge-Colas a reçu plusieurs distinctions : doctorat honorifique (Université Bishop, 1971), « Personnalité de la semaine » du journal *La Presse* (1994), médaille du centenaire de l'Association du Barreau canadien (1996), l'Ordre du Canada (1997) et le prix Christine-Tourigny du Barreau du Québec en 1999.

Elle prit sa retraite le 30 décembre 1994 et est décédée le 9 août 2009, à l'âge de 85 ans.

De gauche à droite : les honorables Lyse Lemieux, Marie Gaudreau, Nicole Duval Hesler, Marie Deschamps, Louise Mailhot et Marie-Christine Laberge, entourant un portrait à l'huile de Réjane Laberge-Colas, lors de l'inauguration de la salle dédiée à celle-ci. (Photo : juge Pierre Nollet)

Le 27 mars 2012, une salle du palais de justice fut nommée à sa mémoire, la salle 2.01, la salle la plus occupée en matière de pratique du droit de la famille. La cérémonie de dévoilement d'une plaque fut tenue dans la salle des pas perdus du Palais de justice de Montréal, devant un magnifique portrait à l'huile de la juge Laberge-Colas dans son costume aux bandes rouges, tenant son livre noir traditionnel et souriant à l'auditoire de ses yeux intelligents. Dans l'auditoire : les membres (nombreux) de la famille Laberge-Colas, des collègues, la juge en chef du Québec Nicole Duval Hesler, la juge Marie Deschamps (Cour suprême du Canada), l'ancienne juge en chef Lyse Lemieux (Cour supérieure du Québec), l'ancienne juge Louise Mailhot (Cour d'appel), la bâtonnière de Montréal Elizabeth Green, etc. Le juge en chef François Rolland présidait et rappela « que la première fois qu'il plaida à la Cour supérieure comme jeune avocat, ce fut devant elle. Il fut impressionné par sa douceur, son calme et son empathie accompagnée d'une farouche détermination et d'une grande dignité ». Prirent également la parole, la juge Marie-Christine Laberge (qui fit le dévoilement avec le juge en chef), la Bâtonnière Elizabeth Green et Maître Bernard Colas, le fils aîné de la juge Laberge-Colas, lequel prononça des paroles émouvantes.

En somme, Réjane Laberge-Colas, c'est la dignité du phare, c'est la force et la continuité du flambeau. C'est également l'étoffe solide et la détermination des pionnières. Ce fut toujours la sincérité renouvelée du sourire, la ténacité de la curiosité intellectuelle, l'équilibre des propos et la sérénité qui ressort d'une vie bien remplie et bien réussie surtout.

Nous ne pouvons que lui réitérer notre reconnaissance.

Mabel Van Camp

La deuxième nomination à une cour supérieure au Canada revient à Me Mabel Margaret Van Camp, le 10 novembre 1971, à la Cour supérieure de l'Ontario, appelée alors Supreme Court of Ontario. Née en 1920 à Blackstock, un petit village rural situé à 70 kilomètres au nord-est de Toronto, elle était l'aînée de quatre filles. Dès son jeune âge, l'on constate son talent : elle adore la lecture et la grammaire. Son grand-père et son père valorisaient l'importance des études, et Mabel Van Camp fut la première personne de son village à étudier à l'Université. Pour une femme, c'était épique à cette époque. Malgré la réticence du doyen, elle s'inscrit à la faculté de droit Osgoode Hall et obtient son diplôme avec succès en 1947 à Toronto.

Mais l'obtention d'un emploi comme avocate prit du temps. Après six mois, Me Gérald Beaudoin l'engage dans son cabinet, dont elle devient plus tard associée. L'étude torontoise devient alors connue sous le nom Beaudoin, Pepper et Van Camp.

Elle présida le YWCA du Toronto métropolitain (1965-1968) et le Women's Law Association of Ontario et fut nommée conseil de la Reine en 1965.

En novembre 1971, elle devient la première avocate ontarienne nommée juge à la Supreme Court of Ontario. Elle demande alors que l'on s'adresse à elle sous le vocable « *Madam Justice* », instaurant une tradition qui prévaut encore en anglais dans toutes les provinces.

Elle prit sa retraite en 1995 à 75 ans et s'inscrivit à l'Université de Toronto en études grecques et byzantines. La même année, l'Université Brock lui décerna un doctorat honorifique.

Elle est décédée le 19 avril 2012, à l'âge de 92 ans[94].

Monique Perrault-Dubreuil

Me Monique Perrault-Dubreuil devient le 10 octobre 1978, la première femme juge à la Cour des Sessions de la paix, la pratique du droit criminel étant un domaine jusque-là réservé aux hommes. Seules exceptions : Me Claire Barrette-Joncas (barreau 1957) pour la défense. Me Lise Pominville (barreau 1966), la première substitut du procureur général du Québec à la

94. Source partielle : William Illsey Atkinson, « 'I am the damn judge' Ontario's first madam justice sometimes went unrecognized when people were expecting a man », article publié dans le journal *Globe and Mail*, le 9 août 2012, page S6.

Cour des Sessions de la paix et Me Thérèse Cromp (1913 – 2012), qui plaida longtemps au pénal et au civil pour la Ville de Montréal jusqu'à ce qu'elle prenne sa retraite du contentieux de la Ville en 1975. Décédée le 26 juillet 2012, elle avait d'abord été enseignante avant de se diriger en droit en 1947 et de devenir ensuite l'une des premières femmes à plaider devant tous les tribunaux, dont la Cour suprême du Canada en 1969.

Monique Perrault-Dubreuil avait été substitut du procureur général à la Cour de bien-être social à Montréal, une première en 1964. Elle fut ensuite nommée juge à cette même cour le 10 janvier 1975, la deuxième femme juge de cette cour après Yvette Dussault-Mailloux. Elle sera la seule femme juge à la Cour des sessions de la Paix pendant six ans, jusqu'à l'arrivée de la juge Céline Pelletier, le 17 octobre 1984.

Claire Barrette-Joncas

Admise au Barreau en 1957, Claire Barrette, qui exerçait seule, fut la première avocate à plaider à Montréal en 1958 devant les Assises, soit la Cour du Banc de la Reine à cette époque. Elle agissait en défense et fut la première femme avocate dans ce rôle.

En 1962, elle devient la première femme à présider l'Association du Jeune Barreau de Montréal, succédant alors à Me Claude Joncas, qui deviendra son époux le 21 décembre 1963[95]. Ils eurent un fils et une fille. Elle fut la première chargée de cours à enseigner le droit criminel aux Universités de Montréal (dès 1962) et de McGill.

95. Me Joncas fut nommé juge à la Cour des Sessions de la Paix en 1973 et est décédé le 21 avril 2008.

Nommée juge à la Cour supérieure le 24 juillet 1975, Claire Barrette-Joncas a dirigé la Chambre criminelle de la Cour supérieure à Montréal pendant 15 ans. Et cela de main de maître. Elle a présidé plus de 250 procès devant jury, dont 57 procès pour meurtre, et elle a formé un nombre incalculable de nouveaux juges tant à la tenue des procès criminels qu'au droit criminel en général. La porte de son bureau était toujours ouverte à tous les collègues qui désiraient profiter de ses conseils et de son érudition. Sa fille Lucie Joncas continue la tradition familiale. Elle poursuit une carrière dynamique comme avocate en droit criminel et a été présidente de l'Association québécoise des avocats et avocates de la défense.

La salle d'audience 4.11, vouée à la pratique criminelle au palais de justice de Montréal, a été désignée du nom de la juge Barette-Joncas lorsqu'elle a pris sa retraite le 18 mai 2008.

Passionnée de généalogie, Claire Barrette-Joncas a largement contribué à la mise à jour de l'ouvrage de référence, *Les juges du Québec de nomination fédérale, de 1849 à 2009* (gouvernement du Québec, 2010). Cette femme, dotée d'une grande mémoire et d'un tempérament d'archiviste, s'est également passionnée très tôt dans sa vie pour le baseball majeur. Elle est devenue rapidement la référence pour toute statistique concernant tous les joueurs de baseball. Sans jouer elle-même, elle a assisté à quasiment tous les 'matchs' de toutes les saisons, dont elle a noté systématiquement tous les détails dans un journal consacré à cette passion. Elle a toujours fait la joie de ses collègues amateurs de baseball, qui admirèrent en elle tant l'experte juriste que l'encyclopédie en matière de sport. À noter que son père, Jean Barrette, qui fut conseiller législatif, fut aussi un journaliste spécialisé dans les questions sportives, ce qui explique sûrement la passion de Claire Barrette pour le baseball.

La juge Réjane Laberge-Colas et la juge Claire Barrette-Joncas, le 26 octobre 2006 (Photo : la juge Nicole Morneau)

* * *

CHAPITRE IV

LA COUR SUPRÊME DU CANADA : LA DERNIÈRE BARRIÈRE FRANCHIE

Bertha Wilson (1923-2007)

C'est à la grande juriste Bertha Wilson que l'on doit l'éclatement du dernier obstacle pour la magistrature féminine au Canada. En effet, elle est devenue, le **4 mars 1982**, la première femme nommée à la Cour suprême du Canada, 107 ans après sa création le 5 avril 1875. Les premiers juges y furent nommés le 8 octobre 1875. Cette cour, composée de neuf juges provenant des diverses régions du Canada, décide en dernier ressort des recours qui lui sont soumis ou qu'elle accepte d'entendre selon des critères bien établis. Bertha Wilson sera la seule femme juge à cette cour pendant cinq ans.

L'obstacle tenace de la tradition était aboli définitivement par l'arrivée de cette juge dans ce milieu masculin. Elle y fut bien accueillie, car la société avait évolué depuis les premiers jugements canadiens qui décrétaient en 1905, 1911 et 1912 que les femmes n'étaient pas des personnes ! En 1982, le Parlement canadien adoptait sa *Charte des droits et libertés*, dont l'article 15, traitant des droits à l'égalité, entrera en vigueur le 17 avril 1985. Il devenait impérieux que la plus haute cour de justice du pays commence à être représentative de la société dans laquelle elle est enchâssée.

À titre de comparaison, la première femme nommée juge à la Cour suprême du Royaume-Uni[96] ne le fut que 22 ans plus tard, en 2004 : Lady Brenda Hale. Elle est encore la seule. Par contre aux États-Unis, la juge Sandra Day-O'Connor a été nommée à la Cour suprême six mois avant Bertha Wilson, soit le 25 août 1981. La seconde, Ruth Bader-Ginsburg, n'arrivera qu'en 1993.

Bertha Wernham Wilson est née en Écosse le 18 septembre 1923. Après des études universitaires en Écosse, elle épouse en 1945 le révérend John Wilson, un pasteur presbytérien. Le couple émigre au Canada en 1949 et s'installe d'abord à Renfrew, près d'Ottawa, puis à Halifax, où Bertha W. seconde son mari pasteur pendant cinq ans. En 1954, à 31 ans, elle demande d'être admise à l'étude du droit à l'Université Dalhousie. Le doyen déclare « qu'elle serait plus heureuse à faire du crochet »[97]. Sa réplique ferme lui vaut une réponse positive. Immédiatement, elle sait qu'elle a fait le bon choix. Elle adore le droit. Après son admission au Barreau de Nouvelle-Écosse en 1957, le couple déménage à Toronto, où John Wilson a obtenu un nouveau poste. Bertha Wilson, qui avait reçu une bourse de l'Université de Harvard, y renonce, mais obtient un stage à l'étude Osler Hoskin Harcourt à Toronto. Membre du Barreau de l'Ontario en 1959, elle deviendra associée chez Osler après dix années (pour les autres avocats, cela prenait environ trois ans à l'époque). Celles qui ouvraient alors un chemin devaient être persé-

---

96. Cette Cour, créée en 2005 et entrée en fonction en octobre 2009, remplaçait la Chambre des Lords. Elle exerce dorénavant la juridiction du Comité judiciaire du Conseil privé, dont les juges en exercice en 2009 sont devenus les juges de la nouvelle Cour suprême.
97. Source : Biographie : *Justice Bertha Wilson, One Woman's Difference*, UBC Press, Vancouver 2009, Edited by Kim Brooks. La préface de sa collègue, Claire L'Heureux-Dubé, fait un éloge brillant de sa carrière.

vérantes. Pendant ses 17 années en pratique privée, elle se consacre intensivement à la recherche, à la rédaction d'opinions juridiques sur un grand éventail de sujets et à la formation des avocats du cabinet.

En 1975, première année internationale de la femme décrétée par l'ONU, elle devient la première juge nommée à la Cour d'appel d'Ontario. On reconnaît ainsi ses grandes capacités intellectuelles.

Puis, le grand jour arrive ! Le 4 mars 1982, elle entre à la Cour suprême du Canada. Cette fois, c'est John Wilson qui doit déménager pour que le couple s'installe à Ottawa. Ses jugements sont marquants et son influence réelle à une époque où la Cour suprême doit donner vie et effet à la nouvelle *Charte constitutionnelle des droits et libertés*. Plusieurs livres, biographies, études et analyses ont déjà recensé ses jugements, ses dissidences courageuses. Elle a eu un impact marquant sur la société canadienne durant les neuf ans où elle œuvra à la Cour suprême, dont six ans avec la présence concomitante d'une deuxième femme juge, Claire L'Heureux-Dubé.

Elle se considérait comme une féministe modérée. Douée d'une grande capacité de travail[98], elle a favorisé l'importance du contexte dans ses analyses juridiques ainsi que la protection de l'égalité, des communautés marginalisées et des citoyens ordinaires. Sa sensibilité particulière à l'égard des inégalités conjuguée à l'esprit novateur du juge en chef Brian Dickson a contribué largement à l'interprétation dynamique de la nouvelle *Charte canadienne des droits et libertés* lors

98. Voir la préface de la juge L'Heureux-Dubé mentionnée plus tôt : « Elle travaille trois fois plus que tout autre », écrit-elle.

des premières décisions sur des questions vitales pour l'épanouissement de la société canadienne.

Le 20 juin 1988, Bertha Wilson a écrit à toutes les femmes juges au Canada pour s'enquérir de leur intérêt à créer un groupe de réseautage ou une association. Par ce geste, elle a aussi créé l'étincelle qui a donné naissance, à Ottawa en 1989, à la première réunion de femmes juges, réunion qui fut à l'origine de la création, en 1994, du chapitre canadien de l'Association internationale des femmes juges (A.I.F.J.), et cela grâce au travail tenace de la juge Claire L'Heureux-Dubé. La juge Susan Devine du Manitoba a été la présidente de l'A.I.F.J. de 1996 à 1998.

International Association of Women Judges

Bertha Wilson a souvent souligné l'importance pour la magistrature de la formation en matière de contexte social. Ainsi, prononçait-elle, le 5 février 1990, une allocution novatrice à Osgoode Hall Law School, à titre de conférencière à la 4e « Annual Barbara Betcherman Memorial Lecture »[99]. Le titre de son allocution était : *Will Women Judges Really Make a Difference* ? Elle y appuyait les efforts déployés aux États-Unis pour contrer les préjugés sexistes par la mise sur pied de groupes d'études formés de juges et de juristes dans le but de développer ensuite des

99. Barbara Betcherman, une diplômée en droit d'Osgoode, était une activiste féministe. Elle est décédée dans un accident d'automobile à 35 ans.

programmes de formation pour éliminer ces préjugés. Elle déclare :

> If women lawyers and women judges, through their differing perspectives on life, can bring a new humanity to bear on the decision-making process, perhaps they will make a difference. Perhaps they will succeed in infusing the law with an understanding of what it means to be fully human.
>
> [...]
>
> The legislature remains a more effective instrument than courts for rapid or radical legal change, but I see no reason why the judiciary cannot exercise some modest degree of creativity in areas where modern insights and life's experience have indicated that the law has gone awry.
>
> However, and I think this is extremely important, it will be a Pyrrhic victory for women and for the justice system as a whole if changes in the law come only through the efforts of women lawyers and women judges.[100]

Bertha Wilson prit sa retraite le 4 janvier 1991 à 67 ans. Elle poursuivit alors son travail juridique et social en acceptant des tâches d'envergure.

En 1992, elle consent à présider un Groupe de travail mis sur pied par l'Association du Barreau canadien sur l'égalité des sexes dans la profession juridique. Son rapport, produit en 1993 et intitulé *Les Assises de la Réforme : égalité, diversité et responsabilité*, a été mémorable et décisif. Elle devient membre de la Commission royale Dussault-Erasmus sur les peuples autochtones du Canada, mise sur pied le 26 août

100. Source : The Lawyers Weekly, February 23, 1990, vol. 9, n 39, article de Cristin Schmitz.

1991, et dont le rapport en cinq volumes est déposé le 26 novembre 1996. Elle fut également membre de la Cour permanente d'arbitrage (la CPA), dont le siège est à La Haye, créée en 1899 lors de la conférence internationale de la Paix à La Haye. [Le Palais de la Paix, où loge la CPA, a ouvert ses portes en 1913].

À l'occasion de la retraite de la juge B. Wilson, en 1991, les femmes juges du Québec lui font une petite fête : de gauche à droite : les juges Louise Mailhot, Christine Tourigny, Claire L'Heureux-Dubé, Bertha Wilson et Thérèse Rousseau-Houle. (Photo prise par la juge Nicole Morneau)

Elle reçut diverses distinctions, dont l'Ordre du Canada (1992), ainsi que plus de 25 doctorats honorifiques des universités canadiennes.

Elle est décédée le 28 avril 2007 à Ottawa, à l'âge de 83 ans.

Claire L'Heureux-Dubé, pionnière *grandiosa*

La première femme nommée à la Cour d'appel du Québec fut la juge Claire L'Heureux-Dubé, nommée le 16 octobre 1979 à Québec. Elle était alors juge à la Cour supérieure à Québec depuis le 9 février 1973 et fut la première femme à ainsi siéger à Québec. Mais le parcours judiciaire le plus spectaculaire de cette femme énergique à l'esprit d'avant-garde prit toute son ampleur après son accession à la Cour suprême du Canada le 15 avril 1987.

Le 17 avril 1987 marquait le 2e anniversaire de l'entrée en vigueur de l'article 15 de la *Charte canadienne des droits et libertés*, portant sur l'égalité, et le gouvernement posa un geste d'éclat en nommant à cette occasion au Québec trois femmes juges à des postes supérieurs de la magistrature : la juge Claire L'Heureux-Dubé, comme première juge québécoise à accéder à la Cour suprême du Canada, la juge Louise Mailhot, comme première juge à la Cour d'appel du Québec à Montréal, et la juge Christine Tourigny, à la Cour d'appel du Québec à Québec, au poste que laissait vacant la juge L'Heureux-Dubé. La juge Louise Mailhot était déjà juge à la Cour supérieure du Québec depuis le 16 octobre 1980 et la juge Christine Tourigny depuis le 5 juillet 1985.

La juge Tourigny, née à Québec le 18 juin 1943, est décédée prématurément d'un cancer le 22 septembre 1998. Elle avait été sous-ministre associée au ministère de la Justice en 1982, après avoir été la première secrétaire générale associée à la condition féminine au même ministère. Elle avait aussi pratiqué le droit avec Claire L'Heureux-Dubé dans son cabinet à Québec. Pour honorer sa mémoire, le Barreau du Québec a créé en 1998 le prix Christine-Tourigny, lequel souligne annuellement l'apport d'un(e) membre ou ancien(ne) membre du Barreau du Québec au sein de la profession, notamment à la progression des femmes dans la profession.

Le dynamisme de Claire L'Heureux-Dubé s'est forgé par une enfance à Rimouski, la ville charnière entre le Bas-St-Laurent et la Gaspésie, où elle vécut pendant plus de vingt ans. Sa mère, Marguerite Dion, a eu une forte influence sur son développement des valeurs sociales. Née le 7 septembre 1927, Claire L'Heureux-Dubé obtient une licence en droit en 1951 de l'Université Laval et s'inscrit au Barreau du Québec en 1952. Elle est alors la seule avocate sur le marché du travail. Elle réussit à se trouver un emploi auprès de l'avocat Sam Bard, qui devient son mentor. Elle pratique donc le droit dans l'étude Bard, L'Heureux, Philippon (1952 à 1969), puis L'Heureux, Philippon, Garneau, Tourigny et St-Arnaud (1969-1973). Il est intéressant de constater que presque tous les associés de Claire L'Heureux-Dubé deviendront juges à Québec.

Elle épouse en novembre 1957 le Dr Arthur Dubé, professeur à l'Université Laval (département des Mines et Métallurgie)[101], et elle élève deux enfants tout en poursuivant sa pratique en droit de la famille et en faisant de surcroît de l'enseignement en droit de la

101. Décédé le 11 juillet 1978.

famille. Elle va même jusqu'à proposer la médiation en matières familiales, proposition qui n'est pas bien reçue par le Barreau à l'époque. L'idée était trop d'avant-garde au début des années 70.

Nommée juge à la Cour supérieure à Québec le 9 février 1973, elle préside, dès la même année, une commission d'enquête (pour enquêter sur certains problèmes au sein du ministère de la Main-d'œuvre et de l'Immigration, 1973-1976). Promue à la Cour d'appel du Québec à Québec le 16 octobre 1979, elle devient la première femme nommée à la Cour d'appel du Québec. Ce ne fut pas là sa dernière « première », puisque, le 15 avril 1987, elle doit quitter Québec pour devenir la première juge québécoise membre de la Cour suprême à Ottawa. Elle y fera une marque indélébile pendant quinze belles années. Après sa retraite survenue le 1er juillet 2002, un colloque international de droit tenu à l'Université Laval du 19 au 21 septembre 2004, dont les textes réunis furent publiés sous la direction du Professeur Marie-Claire Belleau[102], faisait un premier bilan de la contribution de Claire L'Heureux-Dubé durant ces quinze ans. Lors de la cérémonie marquant la retraite de Claire L'Heureux-Dubé, la juge en chef Beverley McLachlin insistait sur le fait que Claire L'Heureux-Dubé travaillait plus de 18 heures par jour et précisait qu'après 15 ans à la Cour suprême, elle « avait rédigé 254 arrêts, écrit 30 articles de doctrine, prononcé 240 discours, effectué environ 50 voyages d'un continent à l'autre en tant qu'ambassadrice des droits de la personne et de la primauté du droit [...] ». Elle louait particulièrement sa franchise d'expression.

102. Université Laval, Éditions Wilson & Lafleur, 2004.

Une biographie lui sera consacrée détaillant l'ampleur de sa contribution à l'interprétation de la *Charte canadienne des droits et libertés* et au développement de la jurisprudence canadienne[103]. D'ailleurs dès après sa retraite, un Fonds pour la justice sociale a été créé à l'Université Ottawa pour lui rendre hommage et pour faire avancer les projets en matière d'égalité. Le Fonds Claire L'Heureux-Dubé a ainsi favorisé la publication d'un livre réunissant divers textes portant sur la contribution de cette femme d'avant-garde dont les dissidences célèbres deviennent souvent avec le temps l'état du droit contemporain : « *Adding Feminism to Law : The Contributions of Justice Claire L'Heureux-Dubé* »[104].

Malgré la charge de travail à la plus haute cour du pays, elle a occupé des fonctions internationales telle la présidence de la Commission internationale des juristes de 2000 à 2006, ayant d'abord présidé le chapitre canadien de 1979 à 1987.

Après sa retraite de la magistrature à 75 ans, il semble que son énergie se soit décuplée. Elle retourne d'abord à Québec, à titre de conseil dans l'étude de M Roger Garneau, son ancien associé. Pendant trois ans, elle est ombudsman de la Ville de Québec tout en étant juge en résidence à la faculté de droit de l'Université Laval. Elle investit son énergie en 2003 dans un projet-pilote d'accès à la justice, la Maison de la justice de Québec, laquelle deviendra en 2004 un lieu permanent jusqu'au 31 janvier 2006. Cette expérience a mis en lumière les besoins en matière d'accès à la justice pour les citoyens. Cette réalité a provoqué la mise sur pied en 2011 de Centres de justice de proxi-

103. Constance Backhouse, de la faculté de droit de l'Université d'Ottawa, publiera une biographie en anglais.
104. Ed. Elizabeth Sheehy, Toronto, Irwin Law, 2004.

mité à Montréal, Québec et Rimouski. Ces centres servent de lieu d'information et de référence pour les citoyens.

Membre de conseils d'administration tels Equal Rights Trust (2006), Avocats sans frontières (2007), le Service 211[105] (2008), Claire L'Heureux-Dubé voyage à travers le monde, prononce des allocutions et reçoit honneurs et distinctions. Détentrice d'une douzaine de doctorats honorifiques, Claire L'Heureux-Dubé fut la récipiendaire des Médailles du Barreau (Montréal, Québec, Barreau du Québec et Association du Barreau canadien), de la médaille de l'Association des avocats et avocates de province (2011), de l'Ordre du Canada (2003), de l'Ordre du Québec (2008), de l'Ordre de la Pléiade (2008).

Un prix a été nommé en son honneur à l'Université Laval de même qu'y furent instituées les Conférences annuelles Claire L'Heureux-Dubé.

La Ville de Rimouski a nommé un édifice à son nom pour souligner la contribution de sa célèbre citoyenne.

Marie Deschamps

C'est la juge Marie Deschamps qui devient la deuxième femme du Québec à accéder à la Cour suprême du Canada après la retraite de Claire L'Heureux-Dubé.

105. Le Service 211 est un service de référence gratuit pour les régions de Québec et Chaudière-Appalaches inauguré le 1er mai 2008.

Diplômée en droit de l'Université de Montréal (1974) et de l'Université McGill (M.A. 1983), Marie Deschamps avait été nommée à la Cour supérieure le 29 mars 1990 et fut la première juge en exercice à donner naissance à un enfant le 9 juillet 1990. Ceci fut l'occasion pour le juge en chef Alan B. Gold d'instaurer alors la première politique de congé parental pour les juges.

Née à Repentigny le 2 octobre 1952, Marie Deschamps accède à la Cour d'appel le 6 mai 1992, puis à la Cour suprême du Canada le 7 août 2002. Elle a quitté cette fonction après dix ans, le 7 août 2012 et s'est tournée vers l'enseignement universitaire aux facultés de droit des universités McGill et de Sherbrooke.

* * *

CHAPITRE V

LES FEMMES JUGES EN CHEF AU CANADA ET AU QUÉBEC

ET D'AUTRES RÉUSSITES

Devenir juge en chef d'une cour de justice c'est accéder au pouvoir certes, mais ce fut aussi, pour les femmes, une manifestation tangible de l'accès à l'égalité des sexes et au partage des hautes fonctions dans une société démocratique de la seconde moitié du XXe siècle.

La hiérarchie des tribunaux, dont un tableau apparaît à la fin du présent ouvrage, montre quels sont les échelons qu'ont dû franchir les femmes avant l'an 2000 alors que Beverley McLachlin accédait à la plus haute fonction judiciaire au pays.

Gabrielle Vallée

C'est Gabrielle Vallée qui a brisé la glace en 1976 en devenant juge en chef associée à Québec. Dans certaines provinces, les cours de justice sont dirigées par un juge en chef et parfois un juge en chef associé et adjoint, le juge en chef associé étant un poste plus élevé que celui d'adjoint. Cela dépend de facteurs tels le nombre de juges dans une cour donnée, l'éloignement et le nombre de districts qui sont sous la juridiction de cette cour et de facteurs historiques ou traditionnels.

À la Cour supérieure du Québec, par exemple, lorsque le juge en chef réside à Montréal, il y a un juge en chef adjoint à Montréal et un juge en chef associé à Québec. C'est ce dernier poste qu'obtient Gabrielle Vallée le 12 août 1976. C'est la première fois au Canada qu'une femme obtient un poste de direction à la magistrature et devient membre du Conseil canadien de la magistrature, lequel regroupe tous les juges en chef de nomination fédérale.

Née le 3 avril 1928, Gabrielle Vallée avait été la première bâtonnière d'un Barreau de section (Québec) en 1973. Elle devint juge à la Cour supérieure à Québec le 11 octobre 1973, quelques mois après Claire L'Heureux-Dubé. Moins de trois ans plus tard, la juge Vallée deviendra juge en chef associée de la Cour supérieure.

Après son décès survenu dans l'exercice de ses fonctions, le 1er juin 1984, une salle du Palais de justice de Québec lui fut également dédiée, en 1986.

Constance R. Glube

Le 9 mars 1982, Constance R. Glube franchit pour la première fois au Canada une étape importante : elle devient la première femme juge en chef d'une cour supérieure d'instance au Canada et cela se produit en Nouvelle-Écosse. À 50 ans, elle était déjà juge à Halifax à la Cour suprême de la Nouvelle-Écosse depuis plus de quatre ans (20 septembre 1977). Elle fut ainsi la deuxième femme membre du Conseil canadien de la magistrature.

Née Lepofsky à Ottawa le 23 novembre 1931, elle fit ses premières études universitaires à l'Université McGill de Montréal (B.A. 1952), puis obtint un diplôme en droit de l'Université Dalhousie en 1955. En 1952, elle épousa Richard H. Glube, et ils auront quatre enfants. Admise au Barreau en 1956, elle pratiqua d'abord dans l'étude Kitz Matheson & Glube en 1966. Entrée à la Ville d'Halifax en 1969 à titre de conseillère juridique principale, elle devint cinq ans plus tard directrice générale de la ville. Une première au Canada.

Après qu'elle eut dirigé la cour de première instance à partir de 1982, le gouvernement fédéral a annoncé en juin 1998 qu'elle remplaçait le juge en chef de la Cour d'appel de la Nouvelle-Écosse, le juge Lorne Clarke, qui prenait sa retraite. Un accomplissement notable, de passer ainsi de juge en chef d'instance à juge en chef de la Nouvelle-Écosse. Le ou la juge en chef d'une cour d'appel porte aussi le titre de juge en chef de cette province. Elle fut sûrement une bonne gestionnaire, car on lui reconnaissait un jugement sûr et un bon sens de l'équité.

En juin 2004, elle a annoncé sa retraite pour décembre 2004. Elle a reçu trois doctorats honorifiques, ainsi que le Frances Fish Women Lawyers Award (1997) et l'Ordre du Canada en 2006.

Pendant qu'elle a siégé au Conseil canadien de la magistrature, elle fut une chef de file en matière de formation continue pour la magistrature et a œuvré au conseil de l'Institut national de la magistrature.

Après sa retraite de la magistrature, elle préside le Comité d'experts créé en janvier 2006 par les Services correctionnels du Canada pour examiner la situation des services correctionnels pour les femmes, dix ans après le *Rapport Arbour* de 1996. Le rapport Glube de

2007 s'intitule « Les services correctionnels pour les femmes : sur la voie de l'avenir ».

En 2011, elle préside le groupe directeur de Stratégie Ressources naturelles pour la Nouvelle-Écosse 2011-2020, qui a pour rôle de planifier l'avenir durable de cette province. Elle agit en outre à compter de 2011 à titre de membre du conseil des gouverneurs du Musée canadien des droits de la personne de Winnipeg. En somme, une retraite active et engagée.

Mary J. Batten

La juge Mary J. Batten devient, le 30 juin 1983, la deuxième juge en chef d'une cour supérieure au Canada.

Née à Sifton au Manitoba le 30 août 1921, Mary John Batten est née Fodchuk. Elle fait ses études universitaires à l'Université de Saskatchewan et obtient un diplôme de droit en 1944. Devenue membre du Barreau en 1945, elle s'installe à Humboldt, une localité du centre de la Saskatchewan. Elle se lance en politique provinciale en 1956 et devient le premier député d'origine ukrainienne. Seule avocate élue pour le parti libéral, Mary Fodchuk Batten devient critique parlementaire (pour l'opposition) en matière de justice. Elle est réélue en 1960 avec une forte majorité.

Le 1er juin 1964, un an après la retraite d'Helen Kinnear, elle devient la deuxième femme de nomination fédérale à une cour de justice, étant nommée juge à la Cour de district de la Saskatchewan. Elle préside à cette époque deux commissions royales provinciales : en 1966 sur les pratiques comptables et en 1968 sur le coût de la vie dans les provinces des Prairies et sur l'inflation.

Le 19 décembre 1980, elle est promue à la Cour supérieure (Cour du Banc de la Reine), dont elle devient la juge en chef deux ans et demi plus tard. Le 30 juin 1983, s'installe donc la première juge en chef en Saskatchewan et la deuxième au Canada.

Mary John Batten prit sa retraite en 1990 et son nom fut placé sur une longue liste internationale de candidates possibles à la Cour internationale de justice, mais sans succès, car les postes disponibles sont peu nombreux et répartis selon des considérations régionales et de représentativité des cinq continents.

Huguette St-Louis

La juge Huguette St-Louis défonce le plafond de verre au Québec le 1er septembre 1988, alors qu'elle devient la juge en chef adjointe, à Montréal, de la nouvelle Cour du Québec. Nommée par le gouvernement du Québec, elle en deviendra huit ans plus tard la juge en chef pour un mandat de sept ans, et ce à compter du 28 août 1996 jusqu'en septembre 2003. Elle devient du même coup la première juge en chef nommée par le Québec, devenant par le fait même la première femme à présider le Conseil de la magistrature du Québec.

Il existe une différence notable entre la Cour du Québec et les tribunaux supérieurs du Québec, où les mandats des juges en chef n'ont pas de durée spécifique, sauf évidemment l'âge de la retraite obligatoire fixé à 75 ans pour les cours supérieures et d'appel. Les juges en chef nommés par le Québec le sont pour un mandat de sept ans, après quoi les juges en chef retournent à leurs fonctions antérieures de juges puînés ou quittent la magistrature, selon leur choix.

Née à Montréal le 17 décembre 1945, la juge St-Louis obtient son diplôme de droit de l'Université de Montréal en 1968. Elle pratique ensuite le droit à Montréal et participe à l'implantation de l'aide juridique. Elle a fondé ou dirigé tour à tour trois différents bureaux d'aide juridique dans la région de Montréal jusqu'à sa nomination à la chambre civile de la Cour provinciale le 28 juin 1984.

La juge en chef Huguette St-Louis a pris sa retraite en 2006. Depuis lors, elle prononce des conférences et fait à l'occasion des commentaires dans les médias sur des questions touchant la magistrature. Elle siège en outre à l'Observatoire du droit à la justice, une ONG rattachée à l'Université de Montréal.

Lyse Lemieux

À la Cour supérieure du Québec, c'est la juge Lyse Lemieux qui arrive au poste de juge en chef adjointe le 29 novembre 1994. Première sous-ministre associée, affaires civiles et pénales au ministère de la Justice en 1975, elle accède à la magistrature de la Cour supérieure le 16 mars 1978 à Québec et est ensuite mutée à Montréal le 10 juillet 1980.

Grand moment de fierté pour les femmes, elle devient le 31 août 1996 la première femme juge en chef de cette cour nommée par le gouvernement fédéral.

On remarque donc à la Rentrée des tribunaux de l'automne 1996, le 5 septembre, deux nouveaux visages féminins à la grande tribune de la salle 5.15 du palais de justice de Montréal.

Née à Montréal le 11 juin 1936, elle fit ses études de droit à l'Université de Montréal (LL.L. 1961) et fut admise au Barreau du Québec en 1962. La juge en chef Lemieux a pris sa retraite le 1er octobre 2004 et se consacre à des activités de bénévolat.

Catherine A. Fraser

La première nomination d'une juge en chef féminine à une cour d'appel au Canada se produit le 12 mars 1992 alors que la juge Catherine A. Fraser obtient ce poste en Alberta. Elle est donc devenue la première juge en chef d'une province canadienne six ans avant la juge en chef Constance R. Glube, de la Nouvelle-Écosse.

Catherine Fraser devenait ainsi le quatrième visage féminin à siéger au Conseil canadien de la magistrature.

À la Cour d'appel d'Alberta, la juge en chef Fraser réussit un exploit. Sous sa gouverne, la composition de la Cour fut en majorité féminine en 1997 et pendant quelques années ensuite.

Beverley McLachlin : la *Très honorable*

Beverley McLachlin
(Photo : Andrew Balfour Ph.)

Être nommée juge en chef du plus haut tribunal d'un pays constitue l'honneur et la responsabilité ultimes dans le milieu juridique de la plupart des pays, et singulièrement dans les pays de tradition juridique et administrative anglo-saxonne.

Le 7 janvier 2000, à l'orée d'un nouveau millénaire, la juge Beverley McLachlin prête serment et succède au juge en chef Antonio Lamer à la tête de la Cour suprême du Canada ! Une grande fierté pour le Canada et une grande première dans les pays de tradition anglo-saxonne. Elle est la 17e juge en chef depuis la création de la Cour suprême du Canada le 5 avril 1875. Elle faisait ainsi la conquête du plus haut poste à la magistrature canadienne.

L'aînée de cinq enfants, Beverley Gietz naquit le 7 septembre 1943 à Pincher Creek, village rural situé au sud-ouest de Lethbridge en Alberta, aux pieds des montagnes Rocheuses. Elle fait des études de maîtrise en philosophie, en même temps qu'elle obtient un diplôme de droit en 1968 de l'Université de l'Alberta avec la médaille d'or : la meilleure de sa classe !

Membre du Barreau de l'Alberta en 1969, elle pratique deux ans au bureau Wood, Moir, Hyde & Ross à Edmonton.

Après son mariage avec Roderick A. McLachlin, le couple déménage en Colombie-Britannique, où elle devient membre du Barreau en 1971. Elle pratique alors le droit à Fort St-John (1971-1972) et ensuite à Vancouver à l'étude Bull, Housser & Tupper (1972-1975). Dès 1974, elle devient professeure de droit à l'Université de Colombie-Britannique jusqu'en 1981.

Sa carrière judiciaire prend son envol d'abord par une nomination à la Cour de comté en avril 1981. Dès septembre de la même année, elle est promue à la Cour suprême de la Colombie-Britannique, une cour supérieure d'instance. En décembre 1985, la Cour d'appel de la province l'accueille. Évidemment elle est la première femme à cette cour. En septembre 1988, elle est promue à nouveau : elle devient la première femme juge en chef de la Cour suprême de Colombie-Britannique. Elle n'y reste pas longtemps, puisque, sept mois plus tard, on la réclame à Ottawa. Sa vie judiciaire prend une autre direction. Elle devient, le 30 mars 1989, la troisième femme nommée à la Cour suprême du Canada. Son mari étant décédé d'un cancer en 1988, elle s'installe à Ottawa avec son fils. Tout un parcours en neuf ans !

Elle se remarie en février 1992 avec Me Frank McArdle, un avocat dynamique de Toronto qui dirige, entre autres, les *Conférences de Cambridge* de l'Institut canadien d'études juridiques supérieures, mises sur pied par Paul Martin père en 1979. Alors qu'il était Haut-Commissaire du Canada au Royaume-Uni, Paul Martin a voulu ainsi donner une occasion aux juges, avocats et juristes de participer à des conférences et discussions dans un cadre universitaire durant l'été et à l'extérieur du pays. Ces conférences ont lieu depuis plus de trente ans au Queen's College à Cambridge, au nord de Londres. Frank McArdle devient ensuite directeur exécutif de l'Association canadienne des juges des cours supérieures, dont le siège est à Ottawa.

On attribue à Beverley McLachlin un esprit vif et indépendant et un bon sens de l'humour. Elle a rendu des décisions courageuses et rédigé des dissidences de la même trempe. Elle tente d'écrire des opinions concises et dans un langage clair et accessible au plus grand nombre.

En novembre 1999, le premier ministre Jean Chrétien annonce la nomination de la juge McLachlin au poste de juge en chef, qui doit devenir vacant le 6 janvier suivant. Cette nouvelle reçoit un accueil enthousiaste unanime. On loue sa personnalité chaleureuse, son ouverture d'esprit et son accessibilité lorsqu'on l'invite à faire mieux connaître le rôle de la Cour suprême et de la magistrature en général. Elle devient une grande ambassadrice de la Cour suprême.

Ainsi, un peu plus de cinq ans après le début de son mandat de juge en chef, accepte-t-elle de donner une longue entrevue recueillie par Christopher Guly, du magazine *Canadian Lawyer*, en juin 2006. Elle expose sa vision de l'interprétation de la *Charte canadienne des droits et libertés* et en particulier de l'article 15 portant sur l'égalité. Elle y favorise un regard large pour que la constitution puisse offrir une protection contre les nouvelles formes de discrimination susceptibles de faire surface dans 50 ou 75 ans par exemple[106] :

> Constitutions, particularly, are written in a law that allows for some flexibility. If your purpose, for example, is to prevent discrimination, you will go against that purpose by drawing up a very short shopping list and saying this is the catalogue. Who knows what kind of discrimination will be coming down in 50 or 75 years? The Constitution has to be flexible enough to [prevent] future kinds of discrimination.
>
> This is why it's inherent in our Constitution that the language is somewhat broad and is not closed in the sense of a rigid shopping list – "this is not forever." But McLachlin adds that the possibilities for the "expansion" of rights is not "unlimited" and that rights have to "balance" each other.
>
> And, then there's section I – the public good. If it's shown to be justifiable, you can limit the rights. The courts respect that and pay a lot of deference to Parliament on that. So I wouldn't want to suggest that the Constitution is just this big, open-ended envelope into which judges can stuff anything they want. That's not the way it is.

Outre ses fonctions de juge en chef de la Cour, Beverley McLachlin préside le Conseil canadien de la magistrature, un organisme qui réunit tous les juges en chef et juges en chef associés ou adjoints de nomination fédérale et qui exerce un rôle à l'égard de la formation des juges, des principes de déontologie judiciaire et de l'examen des plaintes de nature disciplinaire à l'égard de la magistrature canadienne. Elle siège aussi au conseil de l'Institut national de la magistrature et doit signer la sanction royale des lois au cas d'absence du Gouverneur général.

106. *Canadian Lawyer*, June 2006, vol. 30, Issue 6, p. 21-22.

Auteure de plusieurs publications et conférencière internationale, la Très honorable Beverley McLachlin a reçu plus de vingt doctorats honorifiques ainsi que l'Ordre national français de la Légion d'honneur à Paris en 2007.

Les historiens pourront un jour décrire l'envergure de son apport au développement du droit et à l'administration de la justice. Il est manifeste qu'elle représente déjà une figure dominante de l'histoire de la marche des femmes vers une égalité réelle et représentante.

Nicole Duval Hesler : Première juge en chef du Québec

Les cloches québécoises ont carillonné de nouveau lorsque la juge Nicole Duval Hesler devint le 7 octobre 2011 la deuxième femme à exercer cette responsabilité au Canada. La nomination de la juge Nicole Duval Hesler à titre de juge en chef à la Cour d'appel du Québec, et donc de Première magistrate, connut un retentissement appréciable et fut l'occasion de célébrations dans la magistrature féminine au Québec et dans les milieux juridiques.

Née le 8 avril 1945, elle obtient une licence en droit de l'Université de Montréal en 1967. Elle est admise au Barreau en 1968 la même année où elle épouse Me William Hesler, un avocat de Montréal. Ils auront deux fils dont l'un est devenu avocat en 2011. Pendant 24 ans, elle exerce sa profession en pratique privée à Montréal, plaidant devant tous les tribunaux jusqu'à ce qu'elle soit nommée juge à la Cour supérieure du Québec à

Montréal en 1992, puis juge à la Cour d'appel le 22 novembre 2006.

Elle s'est beaucoup investie dans la formation des juges à compter de 1994, ayant été conférencière sur plusieurs sujets de droit, présidente de l'Institut canadien de l'administration de la Justice (ICAJ) de 2003 à 2005 et membre du comité d'éducation du Conseil canadien de la Magistrature.

Sa trajectoire professionnelle n'est certes pas terminée.

* * *

D'AUTRES RÉUSSITES

La semaine du 16 septembre 1991 : une grande première

De façon générale, les juges de la Cour d'appel siègent en formation de trois, sauf en de rares occasions où une formation de cinq juges doit entendre une affaire inusitée ou qui exige la création d'un précédent constitutionnel ou encore lorsqu'il s'agit d'une décision qui aura des conséquences sociales d'envergure.

Jusqu'à l'année 1991, on ne pouvait imaginer que trois juges féminins entendent des appels en formation de trois, car il n'y avait pas trois femmes juges à la Cour d'appel du Québec.

Après la nomination de la juge Thérèse Rousseau Houle en 1990, cela devint possible. C'est ainsi que le juge en chef Claude Bisson fit en sorte que, durant toute la semaine du 16 septembre 1991, les juges

Louise Mailhot, Christine Tourigny et Thérèse Rousseau-Houle constituent la formation de la Cour d'appel devant entendre toutes les affaires dans la grande salle de la Cour d'appel à Montréal : une première non seulement canadienne, mais pour tout le Commonwealth britannique à cette époque ! Il n'y avait pas, en effet, trois femmes juges ni dans les cours d'appel des autres provinces canadiennes ni dans les pays tels l'Angleterre, l'Irlande, l'Écosse, l'Australie, la Nouvelle-Zélande.

Pour ne citer que le Royaume-Uni, la première nommée à la Cour d'appel, Elizabeth Butler-Sloss (née Havers, le 10 août 1933) le fut en 1988 ; la deuxième, Brenda Hale en 1999 et la troisième, Mary Howarth Arden, en 2000.

Le lundi 16 septembre 1991, donc, la présidente de la formation (c'est toujours la ou le juge qui a le plus d'ancienneté de nomination qui préside et s'assoit au centre de la tribune), en l'occurrence la juge Louise Mailhot, autorisa *pour l'occasion*, la présence des caméras et appareils photo pendant la cérémonie d'une vingtaine de minutes qui précéda le début de l'audience proprement dite. Une exception, car les caméras et appareils photo ne sont pas autorisés dans les salles d'audience pendant les audiences.

Les dignitaires du Barreau du Québec et du Barreau de Montréal firent de courtes allocutions pour souligner cet événement historique. Une greffière et une huissière complétaient l'équipe de la cour lors des audiences de la semaine.

Ce fut une semaine de travail collaboratif, agréable et exécuté avec une certaine fierté.

Le même scénario se répéta ensuite en première à Québec durant la première semaine de janvier 1993.

Depuis ces deux moments, il est arrivé fréquemment durant les années subséquentes que, selon le hasard des assignations, trois femmes siègent ensemble à la Cour d'appel du Québec et ce ne fut plus un phénomène inédit. Ainsi se forge l'histoire de l'égalité.

Lundi le 16 septembre 1991, de gauche à droite, Christine Tourigny, Louise Mailhot, Thérèse Rousseau-Houle.

Pour marquer l'évènement du 16 septembre 1991, les femmes juges de la Cour, avec l'assentiment unanime de leurs collègues, utilisèrent dorénavant l'expression « madame la juge » pour la signature de leurs motifs.

Le mot « juge » est un mot épicène, tout comme les mots enfant, témoin, élève, stagiaire, juriste, etc. Le mot épicène ne change pas d'orthographe, qu'il soit utilisé pour désigner un homme ou une femme. Aussi à compter du 16 septembre 1991 les motifs des juges féminins sont chapeautés du titre : « motifs de la juge... ».

Les cours fédérales du Canada

Les cours fédérales furent lentes à accueillir des femmes juges. Durant l'existence de la Cour de l'Échiquier de 1887 à 1971[107], aucune femme n'y accéda. Après la création de la cour fédérale et de la cour fédérale d'appel en 1971, il faudra attendre le 29 juin 1987 : c'est alors que fut nommée la juge Alice Desjardins[108] à la Cour d'appel fédérale. Une autre conquête venue du Québec, qui rattrapait encore ainsi son retard à admettre les femmes dans la pratique du droit.

À la Cour fédérale de première instance, ce ne fut qu'en juin 1993 que deux femmes y accédèrent : le 10, Sandra J. Simpson et le 16, Danièle Tremblay-Lamer, cette dernière en provenance du Québec. Elle était l'épouse du juge en chef du Canada Antonio Lamer (1 juillet 1990 au 6 janvier 2000). Ce dernier est décédé le 24 novembre 2007.

En ce qui concerne la Cour canadienne de l'Impôt établie en 1983, la palme revient à Louise Lamarre-Proulx, nommée le 29 septembre 1988, elle aussi provenant du Québec et native de Jonquière. Elle a pris sa retraite le 15 novembre 2008. Durant ces vingt ans, six autres femmes furent nommées juges sur 22 postes existants à la Cour canadienne de l'Impôt, presque le tiers donc. Un rattrapage appréciable dans un domaine du droit occupé surtout par les praticiens masculins jusqu'aux années 90.

* * *

107. Elle fut intégrée à la Cour fédérale du Canada en 1975.
108. Elle était juge à la Cour supérieure depuis le 24 septembre 1981 ; voir le chapitre *Autres conquêtes* pour connaître son parcours de première.

Un coup d'œil du côté de la France (magistrature)

Impossible d'imaginer l'accès des femmes à la magistrature française avant l'acquisition de leurs droits politiques. L'on sait que le droit de vote n'a été acquis qu'en 1944 par l'ordonnance du Général de Gaulle.

La première initiative visant l'entrée des femmes à la magistrature date d'avril 1930, par la proposition du député Pierre Cathala. Mais c'est une loi permettant aux femmes d'être éligibles aux seuls tribunaux de commerce qui est ultimement adoptée. C'est alors qu'une avocate, Me Marie-Madeleine Dauvet-Thiénot, demande son intégration à la magistrature. Refus du Conseil d'État par un arrêt du 28 février 1934, parce que la loi de 1900, qui ouvrait la profession d'avocat aux femmes, les excluait toutefois « du devoir de suppléance des magistrats ». On leur oppose aussi le fait que les femmes ne jouissent pas des droits politiques.

En 1946, après la Libération, les choses changent : une loi d'un article unique est votée facilement, mais dans un silence qualifié de « méprisant »[109] :

> Tout Français de l'un ou l'autre sexe, répondant aux conditions légales peut accéder aux fonctions de la magistrature.

L'on sait qu'il existe en France une magistrature de carrière. Cela signifie que le système de la magistra-

109. Tiré d'un discours magistral prononcé le 13 janvier 1997 à l'occasion du cinquantenaire de la Loi du 11 avril 1946 (Loi Teitgen), à l'audience de Rentrée du Tribunal de Grande Instance de Versailles par Marie-Claude Calot, juge au Tribunal d'Instance de Rambouillet. Ce discours, non publié, sert de référence à la présente partie.

ture est différent de celui qui existe dans les pays inspirés du système anglo-saxon ou dans les pays de *common law*. Ainsi, les titulaires d'une licence en droit qui se présentent avec succès à un concours deviennent magistrats dès leur sortie de l'Université, après un stage de formation. Le magistrat gravira ensuite divers grades pour accéder lentement à la hiérarchie supérieure de la magistrature. Il doit faire preuve d'une grande mobilité, car les magistrats doivent changer de fonctions et de lieu d'exercice de façon régulière pour gravir les échelons de la carrière de magistrat.

Au Québec, il faut au moins dix ans, souvent plus, d'exercice de la pratique du métier d'avocat avant d'espérer obtenir une nomination à la magistrature. Et cette nomination sera fixe dans la plupart des cas, car hormis une nomination (rare) à un tribunal supérieur, à la Cour d'appel ou à la Cour suprême du Canada (encore plus rare) le juge exercera ses fonctions au même endroit géographique jusqu'à sa retraite.

La promotion d'un ou d'une juge à la fonction de juge en chef peut constituer une exception à cette pérennité des fonctions.

Il est clair que les deux systèmes divergent, même si des similitudes existent au regard des embûches que les femmes ont dû affronter pour accéder à l'exercice des fonctions judiciaires. Toutefois, aujourd'hui en France, l'on constate une féminisation de la profession qui en inquiète certains[110]. Ce qui n'est pas encore le cas au Canada.

110. Voir Anne Boigeol, *Les femmes et les cours. La difficile mise en œuvre de l'égalité des sexes dans l'accès à la magistrature*, Genèses 22, mars 1996, p. 107-129.

Charlotte Béquignon-Lagarde

La première magistrate en France, c'est Charlotte Béquignon-Lagarde (Lille, 1900–Veyrier-du-Lac, 1993). Première professeure agrégée de droit en 1931, mère de six enfants, elle intègre directement la Cour de cassation dès l'adoption de la loi de 1946. Une reconnaissance claire de ses compétences juridiques. Elle reçut un doctorat honorifique en 1949 du Smith College.

Simone Rozès : Maréchale de France

La figure de proue de la magistrature française, c'est Simone Rozès, première femme à occuper le poste de Premier président de la Cour de cassation, installée à ce poste le 15 février 1984. Née le 29 mars 1920 à Paris, diplômée en droit en 1945, titulaire de deux doctorats, elle dut attendre la Loi du 11 avril 1946 pour entrer à la magistrature en 1949.

Vice-présidente du tribunal de grande instance de Paris en 1969, présidente à compter de 1976, elle entend des affaires délicates. Puis, elle agit comme avocate générale en 1981 au Luxembourg, à la Cour de justice des communautés européennes.

En 1984, elle revient à Paris à titre de Premier magistrat de France, présidant ainsi les travaux de la Cour de Cassation de France jusqu'en 1988. Fait à noter, en cette année de 1984 : les femmes occupent alors 50 % des postes de juges[111].

111. Florence Montreynaud, *Le XXe siècle des femmes*, Éditions Nathan, Paris, 1999, p. 601.

Elle préside ensuite des tribunaux arbitraux, devient Présidente de la Société Internationale de Défense sociale (SIDS) et préside la cérémonie d'ouverture du 60e anniversaire de cette société le 25 juin 2009, à titre de présidente honoraire.

* * *

CHAPITRE VI

UNE QUÉBÉCOISE PIONNIÈRE SUR LE PLAN INTERNATIONAL

Louise Arbour : un cas de figure unique

Louise Arbour
(Photo : Jean-Guy Thibodeau)

À compter des années quatre-vingt, plusieurs avocates et femmes juges du Québec se sont signalées par leurs activités internationales soutenues à diverses périodes de leur vie : Claire L'Heureux-Dubé, Michèle Rivet, Louise Mailhot, Anne-Marie Trahan[112], Élise Groulx, Louise Otis, Danielle Grenier, etc., mais le parcours de Louise Arbour, souvent la première titulaire d'un poste, est le plus éloquent.

Louise Arbour est née à Montréal le 10 février 1947. Elle détient un baccalauréat *ès* arts et une licence en droit (1970) de l'Université de Montréal. Choisie comme auxiliaire juridique (clerc) à la Cour suprême du Canada elle agit auprès du juge Louis-

112. En 1977, elle est élue Présidente de l'Association internationale des jeunes avocats, une première pour une femme et une Canadienne.

Philippe Pigeon, grand juriste et promoteur du langage clair dans l'expression du droit. Elle fut alors la première femme francophone et formée au droit civil à être ainsi sélectionnée et la deuxième femme « clerc » à la Cour suprême, la première étant Susan Gibson, choisie pour le juge Emmett M. Hall en 1969-1970. En 1971, elle est admise au Barreau du Québec et elle devient en 1977 membre du Barreau ontarien. Sûrement une rareté chez les avocates à l'époque.

Après avoir agi comme officier de recherche auprès de la Commission sur la réforme du droit au Canada (procédure pénale), elle enseigne le droit pénal à l'Osgoode Hall Law School à Toronto pendant plus de dix ans et devient doyenne adjointe en 1987.

Le 18 décembre 1987, elle est nommée juge d'instance en Ontario (la Cour suprême de l'Ontario). Elle est la première femme francophone nommée juge à une cour supérieure de justice dans cette province.

Dès lors, la fusée s'envole en accéléré.

Elle est promue à la Cour d'appel d'Ontario le 16 février 1990. Elle préside, début 1995, une Commission d'enquête sur des événements survenus à la prison de Kingston, et elle rédige son rapport et le dépose à l'intérieur du délai imparti. Ses recommandations sont pertinentes et adoptées par le gouvernement fédéral.

Durant la période entre 1985 et 2000, elle prononce un nombre incalculable de conférences et discours sur une grande variété de sujets à l'invitation de plusieurs organisations nationales et internationales. Et tout ceci, en même temps qu'elle élève trois enfants avec son mari, Me Larry Taman, un avocat à Toronto.

En septembre 1996, nommée Procureure en chef du Tribunal pénal international pour l'ex-Yougoslavie et le Rwanda, elle quitte Toronto pour La Haye aux Pays-Bas. Étant la première femme à occuper ce poste, elle surprit l'Europe en féminisant le titre de Procureure.

Le 15 septembre 1999, le service public la réclame à nouveau au Canada. Elle accède alors à la Cour suprême du Canada à Ottawa. Pendant ce séjour à la Cour suprême du Canada, elle choisit la première femme Inuite à titre d'auxiliaire juridique (clerc) à cette Cour : Madeleine Redfern.

Née en 1967 à Frobisher Bay, Me Redfern, diplômée de la Akitsiraq Law School et de l'Université de Victoria, a toutefois agi comme clerc auprès de la juge Louise Charron à compter du 30 août 2004, car la juge Louise Arbour avait déjà été nommée à une autre fonction. Le 13 décembre 2010, Madeleine Redfern fut élue mairesse de la ville d'Iqaluit, la capitale du Nunavut et la ville la plus froide au Canada. Elle termina ce mandat en décembre 2012. Elle fut également directrice générale de la Qikiqtani Truth Commission (2008-2010).

La première auxiliaire juridique des Premières Nations (Mi'Kmaq) est arrivée à la Cour suprême en 2007, auprès du juge Michel Bastarache. Naiomi Walqwan Metallic est née à Listuguj (Restigouche), au fond de la Baie des Chaleurs en Gaspésie[113], mais elle a dû faire ses études à Campbellton au Nouveau-Brunswick. Son père ayant été l'un des premiers diplômés Mi'Kmaq de l'Université St-Thomas à Fredericton, il a fortement encouragé ses trois filles à poursuivre des

113. Source Canadian Lawyer, octobre 2011, p. 18, article de Donalee Moulton.

études universitaires. Admise au Barreau de Nouvelle-Écosse en 2008, elle est associée dans l'étude Burchells à Halifax, enseigne à l'Université et se spécialise en droit autochtone.

Louise Arbour ne restera à Ottawa que cinq ans. En effet, le secrétaire général des Nations Unies, Kofi Annan, fait appel à ses talents, Il désire lui confier la responsabilité des droits humains aux Nations Unies. Elle devient, le 1er juillet 2004, la Haute-Commissaire des Nations Unies aux droits de l'homme à Genève, en Suisse. Elle y restera jusqu'au 30 juin 2008, voyageant inlassablement sur les cinq continents de la planète à la défense des droits de la personne. C'est la juge Navanethem (Navi) Pillay, une Sud-Africaine d'origine indienne, qui devient alors Haute-Commissaire à Genève.

Après un congé sabbatique bien mérité, elle est choisie en mars 2009 pour présider l'International Crisis Group. Elle y entre en fonction en juillet 2009, à Bruxelles, à titre de présidente-directrice générale.

Cette organisation non gouvernementale (ONG) internationale et indépendante créée en 1995, à l'initiative d'anciens diplomates de haut rang, travaille à la prévention et à la résolution des conflits armés à travers le monde.

En 2011, son budget de 17 millions de dollars américains provient de sources diverses de financement : 50 % de fonds gouvernementaux, 25 % de fondations caritatives, et le reste de divers donateurs publics et privés. « Elle est reconnue dans le monde entier comme la première ONG non partisane qui propose aux gouvernements et agences intergouvernementales des analyses et recommandations dans le but de prévenir et de résoudre les conflits meurtriers »[114].

L'ONG a son siège à Bruxelles et des bureaux à Washington, New York et Moscou ainsi que des bureaux secondaires partout dans le monde.

Elle publie un bulletin mensuel *Crisis Watch* ainsi que 80 rapports chaque année sur la situation dans près de 80 pays. En juin 2009, l'organisation a reçu une accréditation officielle de l'OCDE.

De gauche à droite les juges en chef Huguette St-Louis (C.Q.), Lyse Lemieux (C.S.) et Raymonde Verrault (C.M. Mtl) que salue la juge Louise Arbour alors à la Cour suprême du Canada (Photo : Jean-Guy Thibodeau, nov. 2000)

114. <www.crisisgroup.org>.

Louise Arbour, l'une des personnalités internationales les plus décorées, a reçu une trentaine de doctorats honorifiques, dont 17 avant la fin de 1999. À cela, il faut ajouter une longue série de distinctions et prix[115], dont le Prix des Droits de l'homme des Nations Unies (2008) et le Prix spécial du Jury pour la prévention des conflits de la Fondation Chirac en 2011. Tout cela pour souligner son courage, sa détermination, ses efforts de sensibilisation et l'excellence de son engagement.

Postes Canada a émis un timbre à son effigie en juin 2012 dans la série « *Bâtisseurs de changement* ».

Louise Arbour occupe une place à part. Elle passera indubitablement à l'histoire, au même titre que Julie Payette, la première femme astronaute québécoise qui voyagea deux fois en orbite dans l'espace, le 27 mai 1999 et le 15 juillet 2009.

* * *

115. Voir liste exhaustive : encyclopédie Wikipedia.

CHAPITRE VII

D'AUTRES CONQUÊTES POUR LES FEMMES DANS LE MONDE DU DROIT

La conquête des jurys

Jusqu'en 1971, les femmes n'ont pas le droit d'être choisies pour agir à titre de juré, tant dans les procès civils que criminels, ni au Québec, ni à Terre-Neuve. Ailleurs au Canada, oui. La Commission Bird[116] avait énoncé en 1970 une recommandation à cet égard :

> 36. Un des devoirs les plus graves qui incombent au citoyen, c'est d'être juré lors de procès civils ou criminels ; les lois provinciales déterminent les conditions requises pour exercer cette fonction. Au Québec et à Terre-Neuve, les femmes ne peuvent faire partie d'un jury. Dans certaines provinces, si elles ne veulent pas être jurées, on les en dispense tout simplement parce qu'elles sont femmes. Dans d'autres, on ne fait appel à elles que si elles font savoir qu'elles sont prêtes à assumer ces fonctions. Dans deux provinces seulement, la Nouvelle-Écosse et la Colombie britannique, elles peuvent être jurées exactement au même titre que les hommes. Au Yukon et dans les Territoires du Nord-Ouest, les hommes et les femmes sont éligibles au même titre. Partout au Canada, on relève les particuliers de l'obligation d'être juré s'ils occupent des fonctions qui leur interdisent de s'absenter, ou s'il risque d'y avoir conflit d'intérêts. Nous ne voyons aucune raison de permettre aux femmes de ne pas assumer les mêmes responsabilités que les hommes en ce qui concerne ce rôle important. Bien entendu, les femmes doivent avoir la même possibilité que les hommes de décliner ces fonctions si leur état de santé ou des obligations particulières les y forcent.
>
> 37. En conséquence, **la Commission recommande que, lorsque ce n'est pas déjà fait, les provinces exigent des**

116. Commission royale d'enquête sur la situation de la femme, 1967-1968.

femmes qu'elles soient prêtes à faire partie de jurys au même titre que les hommes.

C'est en 1971 que les choses changèrent rapidement au Québec.

Lors des procès des felquistes accusés de meurtre, à la suite des événements bien connus de la Crise d'octobre 1971 au Québec, la défense tente de faire avorter les procès en invoquant que la *Loi sur les jurés* du Québec est inconstitutionnelle en ce qu'elle est discriminatoire à l'égard des femmes et des pauvres.

Au moment de la comparution de Louise Balcer comme témoin au procès de Paul Rose, celle-ci refuse de témoigner puisque les femmes ne peuvent être membres de jurys. Elle exige que les femmes puissent être jurées. Elle est déclarée coupable d'outrage au tribunal, puisqu'elle refuse de témoigner en des termes peu équivoques. Le 1er mars 1971, jour prévu pour l'imposition de sa peine (elle recevra une peine de trois mois, consécutifs à une autre peine de trois mois déjà reçue), sept femmes membres du Front de libération des femmes bondissent dans le box des jurés en criant et scandant « Discrimination » et autres quolibets agressifs à l'égard de la justice.

Cette action d'éclat leur vaut une condamnation pour outrage au tribunal sur place (*in facie*). Six femmes seront condamnées sur le champ à un mois de prison (la septième était mineure). L'une des six crie à nouveau une insulte en direction du juge. Elle reçoit une condamnation supplémentaire d'un mois de prison. Cette action spectaculaire aura contribué à une prise de conscience du législateur, qui activera ce dossier et modifiera la *Loi sur les jurés*. Le projet de loi 34 sera adopté en troisième lecture trois mois et demi plus tard, le 17 juin 1971, et la loi sanctionnée le 18 juin[117].

Voilà une conquête vite réalisée.

* * *

Les bâtonnats

Accéder au bâtonnat, c'est présider l'ordre professionnel des avocats. Le Bâtonnier, c'est le président de tous les avocats. Présider son ordre professionnel constitue évidemment une étape substantielle de l'avancement professionnel. Les avocates y sont arrivées durant la décennie 1990. Au Québec, il existe un bâtonnat pour l'ensemble du Québec et il existe des bâtonnats pour les divers districts judiciaires du Québec. Les plus anciens, qui comprennent un plus grand nombre de membres, sont le Barreau de Montréal et le Barreau de Québec.

117. Voir Marjolaine Péloquin, *En prison pour la cause des femmes : la conquête du banc des jurés*, Montréal, Éditions Remue-Ménage, 2007 et *Le Féminisme québécois raconté à Camille*, Micheline Dumont, Les Éditions du Remue-ménage, 2008, p. 126-128.

Le Barreau du Québec

Sylviane W. Borenstein
(Photo : Barreau du Québec)

La première femme à devenir Bâtonnière du Québec fut Me Sylviane Borenstein en juin 1990, après avoir été élue vice-présidente l'année précédente. Elle avait osé proposer sa candidature contre ce que l'on appelait le candidat de l'« *establishment* ». Elle a été élue par cinq voix de majorité. Née Wegliszewski en France le 9 février 1943 de parents d'origine polonaise, admise au Barreau du Québec en 1967, elle a exercé en pratique privée puis a dirigé un bureau d'aide juridique de 1973 à 1994, année où elle fut nommée juge à la Cour supérieure du Québec, à Montréal, le 20 septembre. Non seulement cette avocate mère de quatre enfants fut-elle la première femme Bâtonnière, mais elle brisait la tradition d'élection du président de l'ordre des avocats. Elle avait reçu le titre de C.R. en 1992.

C'est Me Micheline Audette (Fillion) (barreau 1964) qui fut la première avocate nommée directrice générale du Barreau du Québec en 1978 après avoir agi comme directrice adjointe ou secrétaire générale plusieurs années auparavant.

Le Barreau de Montréal

Le Barreau de Montréal est créé en 1849, en même temps que la Cour supérieure du Québec et la Cour d'appel du Québec. De 1849 jusqu'en 2000, il fut dirigé par des avocats masculins tant au titre de bâtonnier que de directeur général.

En mai 1992, Me Pierrette Rayle devient la première femme élue au poste de Bâtonnier. Après 143 ans d'existence, une belle brèche ! Nommée juge à la Cour supérieure le 9 mai 1995, elle est promue à la Cour d'appel du Québec le 1er octobre 2002. Née le 20 janvier 1946, elle a pris sa retraite le 1er décembre 2008 et continue sa vie professionnelle en agissant à titre de médiatrice et d'arbitre. Sa fille Me Elizabeth Gomery, suit sa trace comme membre du Barreau du Québec depuis 2004.

Le 1er août 2000, Me Doris Larrivée prend les rênes du Barreau de Montréal à titre de première directrice générale, soit plus de 150 ans après sa création. Une percée inéluctable. Elle a célébré son 10e anniversaire à ce poste.

Le 9 mai 2012, pour une première fois dans son histoire, deux femmes se succèdent au bâtonnat de Montréal : Me Catherine Pilon (barreau 1993) succède à Elizabeth Greene (barreau 1981), bâtonnière (2011-2012).

Signe des temps, la parité homme-femme chez les membres du Barreau de Montréal est presque atteinte en 2012.

Le Barreau de Québec

Le Barreau de la section de Québec a été fondé le 30 mai 1849 au même moment que celui de Montréal.

La première bâtonnière, on l'a vu, c'est Gabrielle Vallée, élue en 1973, dont le bâtonnat fut écourté par sa nomination à la magistrature le 11 octobre 1973. La seconde, Me Jocelyne Olivier (barreau 1972), devint bâtonnière de Québec en 1990, pour ensuite devenir bâtonnière du Québec en 1995. Elle fut la deuxième femme bâtonnière générale.

C'est Me Anne Demers (barreau 1991) qui devient en 1995 la première avocate à agir comme directrice générale du Barreau de Québec, et ce, jusqu'en juillet 2003.

Elle est, depuis 2007, la directrice générale de l'Association des diplômés de l'Université Laval, la première femme à diriger cette Association.

La section du Barreau de Québec compte plus de 1 850 femmes sur 3 768 membres, soit une proportion de 49 %.

Les associations

L'Association du Barreau canadien

Outre les bâtonnats, un autre poste de visibilité est la présidence de l'Association du Barreau canadien, une association à adhésion volontaire et apolitique qui regroupe la grande majorité des juristes au Canada : avocats, conseillers juridiques d'entreprises, notaires, professeurs de droit et juges de quelque niveau que ce soit, soit 37 000 juristes. Créée en 1896, l'ABC se consacre à l'amélioration du droit, de l'administration de la justice et de la profession juridique.

C'est Me Paule Gauthier de Québec qui a réussi l'exploit d'être la première femme élue par les juristes canadiens pour présider l'Association du Barreau canadien durant l'année 1992-1993. La première présidente en 96 ans d'existence. Déjà, en 1984, elle était devenue la première présidente de la division Québec de l'ABC. Titulaire d'une licence en droit de l'Université Laval, membre du Barreau du Québec depuis 1967, elle a eu une carrière remarquable en pratique privée (cabinet Stein Monast à Québec) et comme présidente de tribunaux d'arbitrage, tout en consacrant beaucoup de temps à diverses œuvres caritatives et conseils d'administration.

L'Association des avocats et avocates de province

Créée en 1928, l'Association des avocats et avocates de province est une association volontaire qui regroupe les avocats du Barreau rural, soit ceux qui pratiquent en dehors des sections de Montréal et de Québec. En 1967, le Barreau rural prit le nom, plus adapté à la réalité, d'Association des avocats de province, regroupant ainsi environ 30 % des avocats du Québec. En 1997, cette association, s'adaptant à nouveau à la réalité de ses membres, prit le nom actuel d'*Association des avocats et avocates de province* pour regrouper les avocats et avocates des 13 sections autres que celles de Montréal et Québec.

La première femme à diriger les destinées de cette association fut Hélène Poulin, de septembre 1993 à septembre 1994. Me Hélène Poulin deviendra juge municipale à Granby en décembre 1994, puis sera élue en 1997 la première femme à présider la Conférence des juges municipaux du Québec. Le 23 juin 1998, elle est nommée juge à la Cour supérieure du Québec, à Montréal et elle prend sa retraite à la fin de 2012.

Les Jeunes Barreaux

Les associations regroupant les avocats et avocates ayant moins de dix années d'admission au Barreau du Québec existent depuis longtemps : depuis 1898 en ce qui concerne celle de Montréal, et 1914 pour celle de Québec.

L'association du Jeune Barreau de Montréal, dynamique et active, n'a pas hésité à élire sa première femme présidente en 1962, soit près de trente ans avant le Barreau du Québec : Claire Barrette-Joncas pratiquait en droit criminel, une nouveauté pour une femme à l'époque.

Quant à l'Association du Jeune Barreau de Québec, c'est 20 ans plus tard que Me Marie Leblanc réussit à franchir la porte de la présidence de l'association en 1982, près de 10 ans avant le Barreau du Québec, comme quoi, les jeunes ont aussi ouvert la voie du progrès.

Les associations internationales

C'est en outre en 1977 que Me Anne-Marie Trahan (barreau 1967) arrive à la présidence de l'Association internationale des jeunes avocats (AIJA), une grande première côté rayonnement international ! Et une première pour cette association. Après une carrière au ministère de la Justice fédéral, où elle était devenue la première femme à occuper le poste de sous-ministre déléguée (droits civils et services législatifs), elle est nommée juge à la Cour supérieure du Québec, le 5 juillet 1994. Pendant toute sa carrière d'avocate et de juge, Anne-Marie Trahan a poursuivi des activités internationales et cela même après sa retraite de la magistrature en 2010.

C'est aussi une Canadienne qui fut élue au titre de première femme présidente de l'Association internationale des avocats de la défense. C'est le 1er mai 1997 que Me Élise Groulx (barreau 1976, Ad.E.) a réussi l'exploit de créer cette association, une ONG avec un statut consultatif auprès du Conseil économique et social (ECOSOC) des Nations Unies. L'organisme œuvre au renforcement du droit à un procès juste et équitable et de l'indépendance de la profession juridique dans l'émergence du système de justice pénale international.

Par la suite, Me Groulx a participé à la fondation du Barreau pénal international à Montréal en 2002, et elle en fut la première présidente exécutive (2003-2005). Elle est la récipiendaire 2012 du Prix Tarnopolsky des droits de la personne décerné par l'Association du Barreau canadien.

* * *

Enseigner le droit, diriger une faculté de droit

Vingt ans après l'admission des femmes au Barreau, les femmes font une entrée dans le cénacle des professeurs à temps plein dans une faculté de droit.

Alice Desjardins

Dire le droit, trancher des litiges, c'est une chose, mais former des juristes, c'est là une tâche fondamentale de tout système de droit. Ce sont ces fonctions de premier plan qu'Alice Desjardins a réussi à remplir en défonçant deux barrières.

Première femme professeure à temps plein dans une faculté de droit au Canada en 1961, elle fut le premier modèle féminin pour une génération de futures juristes issus de la Faculté de droit de l'Université de Montréal. Plus tard, le 29 juin 1987, elle devint la première femme juge à la Cour fédérale d'appel.

Née à Montréal le 11 août 1934, elle prit sa retraite de la magistrature à 75 ans, le 11 août 2009. Après des études de droit à l'Université de Montréal (1957), elle séjourne deux ans au London School of Economics en Angleterre, puis obtient une maîtrise en droit en 1967 de l'Université de Harvard, Massachusetts. Professeure agrégée à l'Université de Montréal, elle y enseigne onze ans le droit constitutionnel, puis elle entre au gouvernement du Canada, occupant divers postes au bureau du conseil privé, au ministère de la Justice et au ministère des Affaires indiennes à Ottawa, tout en poursuivant diverses activités professionnelles auprès d'associations et institutions, dont l'Institut d'administration publique du Canada, et en participant à plusieurs publications de droit.

Nommée juge à la Cour supérieure du Québec le 24 septembre 1981, elle sera promue juge à la Cour d'appel fédérale en 1987, puis juge à la Cour d'appel des cours martiales du Canada en 1988. Elle fut la première femme à accéder à ces deux postes à Ottawa.

C'est Edith Deleury qui devint, en 1969, la deuxième professeure de droit, cette fois à l'Université Laval.

Thérèse Rousseau-Houle

Après avoir enseigné le droit durant quinze ans à l'Université Laval, Thérèse Rousseau-Houle est élue en 1985 doyenne de la Faculté de droit par un comité électoral formé de professeurs de droit, de chargés de cours, de représentants des employés et d'étudiants. C'était la première femme à être nommée ou élue à un tel poste universitaire tant au Québec qu'au Canada. Pourtant, rappelons-le, le Québec avait été la dernière province à permettre aux femmes de voter et d'exercer le droit. Une belle percée canadienne.

Avant la fin de son décanat, Thérèse Rousseau-Houle devient juge à la Cour supérieure du Québec le 2 septembre 1988 et elle est promue un an et demi plus tard à la Cour d'appel du Québec, le 29 mars 1990. Elle est à la retraite depuis le 15 septembre 2006 et s'occupe d'œuvres caritatives tout en suivant des cours à l'Université Laval. Mère de quatre enfants, elle est un modèle et une mentore pour ses petits-enfants.

Hélène Dumont (barreau 1972) devint en 1988, la deuxième doyenne d'une faculté de droit, cette fois à l'Université de Montréal.

* * *

D'autres hauts postes liés à la défense des droits ont aussi été conquis par les femmes de loi :

1976 – Me Luce Patenaude devient en 1976 la première femme Protecteur du citoyen du Québec après avoir été en 1962 la seule femme parmi les fondateurs et membres du comité directeur de l'Institut de recherche en droit public de l'Université de Montréal, avec Marc Lalonde, Carl Goldenberg, Albert Mayrand, Pierre E. Trudeau, Jean Beetz et Maximilien Caron. De grands cerveaux universitaires.

1977 – Me Lorraine Laporte-Landry devient la première directrice générale des greffes au Palais de justice de Montréal, puis juge à la Cour du Québec en 1995 (décédée en poste en juillet 1999).

1983 – Me Myriam Bordeleau est la première femme substitut en chef du procureur général du Canada pour le Québec et première procureure en chef au Canada. Elle sera l'année suivante la première bâtonnière d'une section (Barreau d'Abitibi-Témiscamingue) et la deuxième femme élue au Comité administratif du Barreau du Québec (son exécutif), dix ans après la première élue en 1974, Me Louise Mailhot. Me Myriam Bordeleau prit sa retraite en juillet 2006.

1985 – Me Lise Langlois (1931 – 2012) alors commissaire à la Commission de la fonction publique du Québec est nommée juge au Tribunal du Travail, première femme dans un domaine de pratique du droit encore majoritairement masculin.

1990 – La juge Michèle Rivet accède à la Présidence du Tribunal des droits de la personne et de la Jeunesse du Québec. Elle devient la première présidente de ce tribunal entré en action le 10 décembre 1990. Elle a pris sa retraite en 2010, après vingt ans à diriger le Tribunal.

1990 – Me Anne Roland devient la 11e registraire de la Cour suprême du Canada et la première femme. Elle prit sa retraite en 2008.

1994 – La juge Raymonde Verrault est nommée juge en chef de la Cour municipale de Montréal.

1997 – Me Michelle Falardeau-Ramsay devient la première femme à présider la Commission canadienne des droits de la personne après avoir été, en 1975, la première présidente suppléante de la Commission des relations de travail de la fonction publique fédérale.

2007-2008 – Me Céline Hervieux-Payette (LL.L. 1973 et B.Qué. 1983) est leader de l'opposition au Sénat, première femme à occuper ce poste au Canada.

* * *

Les femmes ministres de la justice

Kim Campbell

Le gouvernement fédéral connaît sa première femme ministre à la justice de 1990 à 1993.

Née le 10 mars 1947 à Port Alberni en Colombie-Britannique, Kim Campbell[118] fit d'abord des études en sciences politiques à l'Université de Colombie-Britannique puis au London School of Economics. Revenue à Vancouver, elle enseigne à l'UBC et fait des études de droit à compter de 1980.

Sollicitée pour se présenter aux élections fédérales de 1988, elle entre au Parlement d'Ottawa et le Premier ministre Brian Mulroney la nomme ministre de la Justice le 23 février 1990. Elle présentera, entre autres, deux lois qui ont eu un impact important : 1) la *Loi concernant l'exportation, l'importation, la fabrication, l'achat et la vente de certaines armes ainsi que d'autres opérations sur celles-ci*[119], adoptée comme suite à la tuerie survenue à l'École Polytechnique de Montréal le 6 décembre 1989 ; 2) le *Projet de loi C-49* qui a amendé le Code criminel du Canada relativement aux agressions sexuelles et à la preuve du comportement sexuel antérieur de la victime[120]. Elle occupera ensuite d'autres postes de ministre.

Le premier ministre Brian Mulroney ayant quitté ses fonctions, elle est élue le 13 juin 1993 chef du parti progressiste-conservateur (la première femme) et

118. Née Avril Phaedra Douglas Campbell, elle change son prénom à l'âge de 12 ans.
119. L.C. 1991, ch. 28 (sanctionnée le 21 juin 1991).
120. *Loi modifiant le Code criminel (agression sexuelle)* L.C. 1992, ch. 38, sanctionnée le 23 juin 1992.

devient le 25 juin 1993, première ministre du Canada. Les élections générales déclenchées pour la fin d'octobre 1993 n'auront pas le résultat qu'elle escomptait. Le parti progressiste-conservateur perd, et Kim Campbell perd elle-même son siège.

Kim Cambell fut donc la première femme première ministre du Canada pendant quatre mois. Toutefois, Ellen Louks Fairclough[121], la première membre du cabinet ministériel canadien en 1958, avait agi comme première ministre pendant un jour du 19 au 20 février 1958 à la demande du premier ministre John Diefenbaker.

Entre 1996 et 2000, Kim campbell agit à titre de Consule générale du Canada à Los Angeles. Elle préside de 1999 à 2003 le Council of Women World Leaders et le Club de Madrid (par intérim) en 2002 pour devenir en 2004 secrétaire générale de cet organisme, qui réunit les anciens Chefs d'État et anciens Présidents de 90 pays.

Elle a publié ses mémoires politiques en 1996 : *Time and Chance*, Doubleday Canada, et a reçu l'Ordre du Canada en 2008.

Linda Goupil

Me Linda Goupil est devenue en 1998 la première femme à exercer les fonctions de ministre de la Justice au Québec.

Née le 13 mai 1961 à St-Léon de Standon, elle a obtenu un diplôme de droit de l'Université de Sher-

121. Née le 28 janvier 1905 à Hamilton, Ontario, elle est décédée à 99 ans le 13 novembre 2004.

brooke en 1984. Membre du Barreau depuis 1986, elle exerce en pratique privée, puis est élue députée pour le Parti québécois en 1988.

Le 15 décembre 1998, le Premier ministre Lucien Bouchard la nomme ministre de la Justice et Procureure générale du Québec, poste qu'elle occupe jusqu'au 8 mars 2001, pour ensuite occuper d'autres fonctions ministérielles. Elle n'avait alors que 37 ans.

Certifiée médiatrice depuis 1994, elle revient à la pratique privée du droit à compter de 2006 dans un cabinet « boutique ». Comme ministre, elle avait fait adopter entre autres une loi progressiste, celle sur la médiation familiale volontaire gratuite. Tôt dans sa pratique, elle favorisa la médiation dans le droit familial et put en mesurer les effets bénéfiques à long terme, donnant en quelque sorte raison à Claire L'Heureux-Dubé d'avoir proposé d'instaurer la médiation dans les litiges touchant le droit de la famille.

* * *

Les Commissions d'enquête

Très tôt les femmes juges ont été appelées à présider ou à participer à des commissions d'enquête. On se rappellera qu'Helen Kinnear fut membre de deux commissions royales d'enquête en matières criminelles en 1954 puis en 1959. Et Mary Batten présida deux commissions royales provinciales en matière économique en 1966 et en 1968. Bertha Wilson présida en 1992 le Groupe de travail en matière d'égalité des sexes dans la profession juridique et fut membre de la Commission royale sur les peuples autochtones au Canada (1991-1996).

Au Québec, Claire L'Heureux-Dubé a présidé dès 1973 une Commission d'enquête sur certains problèmes au ministère de la Main-d'œuvre et de l'Immigration (1973-1976), et Louise Arbour présidait en 1995-1996 la Commission d'enquête sur des événements survenus à la prison pour les femmes à Kingston en Ontario.

D'autres ont été sollicitées par les gouvernements, mais ont décliné. Il faut dire que les juges en chef étaient parfois réticents à accepter de telles nominations qui avaient comme conséquence de les priver, parfois durant des années, des services d'un juge alors que les cours de justice étaient très sollicitées depuis l'avènement de la *Charte canadienne des droits et libertés* et la multiplication exponentielle des lois à compter de la fin des années 1970.

À l'automne 2011, le juge en chef de la Cour supérieure du Québec, François Rolland, a cependant accepté de libérer la juge France Charbonneau de ses assignations habituelles à la Cour supérieure de Montréal, celle-ci ayant accepté de présider la *Commission d'enquête sur l'octroi et la gestion des contrats publics dans l'industrie de la construction* créée par le gouvernement du Québec le 9 novembre 2011.

* * *

CHAPITRE VIII

L'AVENIR

« Pour ce qui est de l'avenir,
il ne s'agit pas de le prévoir,
mais de le rendre possible. »

Antoine de Saint-Exupéry (1900-1944)
Citadelle (posth. 1948)

Durant le XXe siècle, la société québécoise, la société canadienne et d'autres sociétés en Europe et en Amérique se sont débarrassées des stéréotypes qui stigmatisaient les femmes dans des positions d'infériorité et les fixaient jusqu'à la fin des années 1950, dans des rôles immuables établis en des temps révolus.

Tous ces moules ont été brisés et ces cadres rigides éclatés par des figures de marque, les pionnières, les combattantes de la première heure dont il a été fait mention dans les chapitres précédents et dont il faut louer la ténacité. Les quolibets, les insultes, les sarcasmes ne les ont pas déroutées de leur profession légitimement acquise et de leurs objectifs. Elles ont toutes poursuivi leur chemin, la tête haute.

Le langage sexiste a presque disparu, et la terminologie s'est affranchie de son expression exclusivement masculine en faveur de termes neutres ou, mieux encore, adaptés à la réalité contemporaine : ainsi les expressions la juge, l'avocate, la greffière, l'auteure, la professeure, la conseillère juridique, la bâtonnière sont partie intégrante du langage juridique courant.

Côté magistrature, de façon générale et à cause de leur devoir de réserve, les femmes dans le domaine judiciaire se sont tenues à l'écart de l'action et de la visibilité médiatique. Tout comme leurs collègues masculins, elles œuvrent généralement dans l'ombre et dans la solitude de leur bureau de travail. L'ampleur de leur influence ou de leur marque dépend surtout du hasard des assignations et des affaires qui arrivent devant elles, car les rôles d'audience tiennent de l'aléatoire. Même si l'on réfère au « pouvoir » judiciaire c'est un pouvoir différent des autres, en ce que tant sa conquête que son exercice sont souvent conjoncturels. Mais il est indéniable que la présence des femmes au sein des tribunaux des divers échelons a non seulement modifié « le visage » de la justice, mais a aussi apporté une sensibilité différente et un regard complémentaire à l'égard de certaines problématiques de la société contemporaine.

Du côté du Barreau, après les premières admissions des femmes à la pratique du droit en 1942, celles-ci furent d'abord confinées à la recherche juridique, au droit corporatif et au travail de conseil interne des entreprises sans visibilité auprès du prétoire[122]. Les plaideuses se faisaient rares jusqu'à la fin des années 1970 : Constance Garner Short, Claire Barrette-Joncas, Thérèse Cromp, Kathryn Mason, Joan Clark. Elles furent les premières à subir la misogynie et les sarcasmes du prétoire et ont légué leur exemple de résistance à l'insulte aux jeunes générations qui se sont pointées jusqu'à la fin du XXe siècle.

---

122. Certaines ont accédé à quelques hauts postes, par exemple Liliana Balangero-Birtz (1924-2012), admise en 1947 et devenue vice-présidente en chef de la Société canadienne d'hypothèque et de logement en 1986 et Mignonne Legault-Tessier, admise au Barreau en 1946, qui devint juge principale à la Cour de la citoyenneté canadienne.

Plus de 70 ans après l'admission des femmes à la pratique du droit sous toutes ses formes, bien des aspects de cette pratique ont été modifiés par cet accès : domaines du droit conquis, conciliation travail-famille amorcée et reconnue dans les principes, mais pas tout à fait réalisée de façon égalitaire, accès partiel (et difficile encore pour les femmes) au partenariat professionnel dans les cabinets d'avocats : mais il y a danger, encore ici, d'institutionnaliser des catégories mineures de partenariats dans les cabinets où les avocates seraient en majorité, alors que les catégories majeures de partenariat seraient majoritairement pour les avocats masculins.

Au début des années soixante-dix, les avocates devaient fonder leurs cabinets pour exercer leurs professions avec grand succès, car les possibilités de devenir associées étaient presque inexistantes[123]. Ce n'est plus le cas depuis plusieurs années et, au début du XXIe siècle, des avocates associées dans les grands cabinets d'avocats ont accédé aux postes « d'associé directeur » ; par exemple, Me Kim Thomassin (McCarthy Tétrault en 2010), Me Elise Poisson (Lavery en 2010), Me Pascale Pageau (cofondatrice de Delegatus), Me Chantal Chatelain (Langlois Kronström Desjardins, Montréal en 2011). Des réussites remarquées !

Signe positif des temps, le directeur général du Barreau du Québec, Me Claude Provencher, titrait sur son blogue le 12 octobre 2012 : « Saviez-vous que l'avenir de la profession se conjugue au féminin ? »

Il décrit la réalité comme suit :

> Les femmes comptent pour près de la moitié des membres du Barreau du Québec, soit plus de 60 % des « jeunes » de

123. Me Joan Clark (Barreau 1953) est devenue associée principale chez Ogilvy Renault en 1980.

moins de dix ans de pratique et près de 65 % des finissants de l'École du Barreau, et ce, à chaque année. Pourtant, en pratique privée, seulement 30 % des avocats et moins de 20 % des associées sont des femmes.

Autre donnée préoccupante : le quart des membres ayant démissionné du Tableau de l'Ordre dans les deux dernières années étaient des femmes de moins de 50 ans et comptaient en moyenne 11 ans de pratique.

En bref, les femmes entrent dans la profession en grand nombre, mais quittent – trop – rapidement.

Ce « décrochage » de la profession représente un enjeu majeur pour les cabinets, le Barreau du Québec et l'ensemble de la profession. Si rien n'est fait et que le *statu quo* persiste, c'est la profession et la société qui risquent d'être privées du talent et de l'apport de la moitié des membres.

Comme un plan d'action s'impose, un projet nommé *Justicia* lancé par le Barreau ontarien, fut mis sur pied aussi au Québec en 2011. Me Provencher le décrit ainsi :

Basé sur un partenariat entre le Barreau et les cabinets d'avocats participants, Justicia est une démarche de partage d'expériences et d'idées entre les cabinets pour développer et implanter, au besoin, les meilleures pratiques de congés parentaux, d'horaires flexibles, de réseautage et développement des affaires et de leadership, dans le but de favoriser la rétention et l'avancement des avocates.

À ce jour, 23 cabinets, qui regroupent 2 500 avocats, ont signé l'entente de participation au projet Justicia. En marche depuis plusieurs mois, le projet se poursuit jusqu'en 2014.

Ce qui paraît encourageant c'est que l'on suggère aussi que les politiques de congés parentaux et d'horaires flexibles s'appliquent tout aussi bien aux avocates qu'aux avocats.

Ce qui inquiète : ces idées font l'objet de discussions et de tergiversations depuis une quinzaine d'années et peinent à aboutir. Espérons que ce projet *Justicia* produira rapidement des changements véritables et concrets, sinon la profession juridique perdra des forces vives et la société perdra ses investissements dans sa jeunesse.

En examinant le chemin parcouru, l'avenir paraît encourageant. Le XXe siècle a vu l'éclosion d'une société plus égalitaire dans ses rapports hommes-femmes, abattant plusieurs stéréotypes et préjugés, et mettant fin à une terminologie sexiste pour laisser place à un vocabulaire plus neutre et plus représentatif.

Les femmes exercent presque tous les métiers et professions et occupent des fonctions enviables dans le milieu politique et dans la sphère économique. Elles conservent leur nom de naissance toute leur vie, quelle que soit leur condition maritale. Jusqu'à tard dans le XXe siècle, les listes électorales identifiaient les électrices mariées par le nom et le prénom de leur mari avec l'ajout du mot « Madame ». Cette pratique « voilante » a cessé durant les années soixante.

Mais il revient à tous d'exercer une vigilance à l'égard des acquis, pour maintenir un équilibre serein de la mixité des sexes dans la profession juridique, dans les divers domaines de pratique et aux plus hauts échelons de la gestion et de l'exercice du pouvoir dans les cabinets. La profession juridique se doit de bien refléter la société dans laquelle elle se déploie si elle veut remplir adéquatement sa mission de représentation de celle-ci.

« La meilleure façon de prédire l'avenir,
c'est de l'inventer »

Peter F. Druker (1909-2005)

* * *

LISTE DES ANNEXES

Liste no 9 - Femmes juges du Québec nommées juges à la Cour fédérale, à la Cour d'appel fédérale du Canada et à la Cour canadienne de l'impôt

Liste no 10 - Femmes juges à la Cour suprême du Canada (par ordre de nomination)

Liste no 11 - Femme juge en chef à la Cour suprême du Canada

Liste n° 1

Femmes juges de nomination provinciale (au Québec)* par ordre de nomination 1964 à 2013

Nomination	Nom de la juge	Poste
1er mai 1964	Yvette Dussault-Mailloux	Cour de bien-être social et le 15 juin 1979 mutée à la Cour provinciale et vice-présidente adjointe du Tribunal de l'expropriation
4 mai 1965	Marguerite Choquette	Cour de bien-être social
14 février 1973	Marie-Claire Kirkland	Cour provinciale et présidente de la Commission du salaire minimum
10 janvier 1975	Monique Perrault-Dubreuil	Cour de bien-être social et le 10 octobre 1978 mutée à la Cour des sessions de la paix

* L'appellation Cour du Québec date du 31 août 1988, année de sa création. Elle unifie alors la Cour provinciale, la Cour des sessions de la paix, le Tribunal de la jeunesse et le Tribunal de l'expropriation. La Cour du Québec se divise alors en trois chambres : la Chambre civile, la Chambre criminelle et pénale et la Chambre de la Jeunesse. En 1869, elle s'appelle Cour des magistrats, puis Cour du magistrat et devient en 1962 la Cour provinciale. La Cour des sessions de la paix fut formée en 1908 et la Cour pour enfants en 1910. Celle-ci devient successivement la Cour juvénile (1932), la Cour de bien-être social (1950) et le Tribunal de la jeunesse (1977). (Source : L'hon. Gilles La Haye, La Cour du Québec et les cours municipales : Montréal, Québec, Laval, 1999, page 10 et s.

Nomination	Nom de la juge	Poste
15 septembre 1976	Huguette Marleau	Cour de bien-être social, puis en 1978, Cour provinciale
11 janvier 1979	Louise Galipeault-Moisan	Tribunal de la jeunesse (Québec)
17 décembre 1980	Michèle Rivet	Tribunal de la jeunesse (Montréal)
15 janvier 1981	Elaine Demers	Tribunal de la jeunesse (Montréal)
17 octobre 1984	Céline Pelletier	Cour des sessions de la paix, puis Chambre criminelle et pénale (Montréal)
14 novembre 1984	Louise Ménard	Tribunal du travail
5 décembre 1984	Ginette Durand-Brault	Tribunal de la jeunesse (Montréal)
5 décembre 1984	Nicole Bernier	Tribunal de la jeunesse (Montréal)
17 avril 1985	Paule Lafontaine	Tribunal de la jeunesse (Montréal)
23 octobre 1985	Andrée Bergeron	Tribunal de la jeunesse (Québec)
7 novembre 1985	Lise Langlois	Tribunal du travail (Montréal)
16 avril 1986	Andrée Ruffo	Tribunal de la jeunesse (Saint-Jérôme)
20 janvier 1988	Monique Sylvestre	Cour provinciale (Joliette) 1999 – Tribunal des professions

Nomination	Nom de la juge	Poste
1er février 1988	Lise Dubé	Tribunal de la jeunesse, Sherbrooke (Québec)
4 mai 1988	Mireille Allaire	Tribunal de la jeunesse (S.-de-Valleyfield et Longueuil)
8 novembre 1989	Marie-Andrée Villeneuve	Cour du Québec, Chambre civile et chambre criminelle et pénale (S.-de-Valleyfield)
18 mai 1989	Denyse Leduc	Cour du Québec, Chambre criminelle et jeunesse (Val-D'Or)
24 mai 1990	Rolande Matte	Cour du Québec, Chambre criminelle et pénale puis jeunesse (Montréal)
4 juillet 1990	Lucie Godin	Cour du Québec, Chambre de la jeunesse (Montréal)
1er septembre 1990	Michèle Rivet	Présidente du Tribunal des droits de la personne (Montréal)
27 février 1991	Suzanne Coupal	Cour du Québec, Chambre criminelle et pénale (Montréal)
14 mars 1991	Marie Lapointe-Prévost	Cour du Québec, Chambre de la jeunesse (Saint-Jérôme)

Nomination	Nom de la juge	Poste
11 avril 1991	Paule Gaumond	Cour du Québec, Chambre de la jeunesse (Québec)
8 mai 1991	Louise Provost	Cour du Québec, Chambre criminelle et pénale (Montréal)
15 mai 1991	Nicole Gibeault	Cour du Québec, Chambre de la jeunesse (Hull)
24 octobre 1991	Michèle Pauzé	Cour du Québec, Chambre civile (Joliette) 1er janvier 1996 mutée à Montréal et en 2003 – nommée membre du Tribunal des droits de la personne
27 novembre 1991	Françoise Garneau-Fournier	Cour du Québec, Chambre de la jeunesse (Montréal)
27 novembre 1991	Isabelle Lafontaine	Cour du Québec, Chambre de la jeunesse (Montréal)
10 février 1992	Raymonde Verrault	Cour du Québec, Chambre criminelle et pénale (Montréal)
14 avril 1992	Micheline Corbeil-Laramée	Cour du Québec, Chambre criminelle et pénale
14 septembre 1992	Micheline Dufour	Cour du Québec, Chambre civile (Laval)

Nomination	Nom de la juge	Poste
27 octobre 1992	Anne Laberge	Cour du Québec, Chambre civile et jeunesse (Québec)
9 décembre 1992	Brigitte Gouin	Cour du Québec, Chambre civile (Montréal)
16 juin 1993	Lina Bond	Cour du Québec, Chambre civile (Québec)
8 décembre 1993	Michèle Toupin	Cour du Québec, Chambre criminelle et pénale (St-Jérôme)
5 janvier 1994	Louise Turpin	Cour du Québec, Chambre criminelle et pénale (Hull)
10 janvier 1994	Micheline Laliberté	Cour du Québec, Chambre civile et jeunesse (Longueuil)
12 novembre 1994	Danielle Côté	Cour du Québec, Chambre civile, criminelle et pénale (Sherbrooke)
30 novembre 1994	Céline Lacerte-Lamontagne	Cour du Québec, Chambre criminelle et pénale (Montréal)
14 décembre 1994	Odette Perron	Cour du Québec, Chambre criminelle et pénale (S.-de-Valleyfield)
14 décembre 1994	Micheline Sasseville	Cour du Québec, Chambre civile (Laval)

Nomination	Nom de la juge	Poste
4 janvier 1995	Ellen Paré	Cour du Québec, Chambre criminelle et pénale (Longueuil et Montérégie)
4 janvier 1995	Diane Girard	Cour du Québec, Chambre civile et Chambre de la jeunesse (St-Jérôme)
29 mars 1995	Lorraine Laporte Landry	Cour du Québec, Chambre civile (Montréal)
24 mai 1995	Lucie Rondeau	Cour du Québec, Chambre de la jeunesse (Québec)
24 mai 1995	Brigitte Charron	Cour du Québec, Chambre civile (Montréal)
21 février 1996	Nicole Mallette	Cour du Québec (Trois-Rivières)
6 mars 1996	Lise Gaboury	Cour du Québec (Chambre civile, Chambre criminelle et pénale et jeunesse) (Joliette)
5 juin 1996	Micheline Paradis	Cour du Québec, Chambre civile, Chambre criminelle et pénale (Chicoutimi)
3 juillet 1996	Eliana Marengo	Cour du Québec, Chambre civile (Montréal)

Nomination	Nom de la juge	Poste
18 septembre 1996	Dominique Slater	Cour du Québec, Chambre criminelle et pénale et jeunesse (Trois-Rivières)
22 juin 1998	Monique Fradette	Cour du Québec, Chambre civile, Chambre criminelle et pénale et jeunesse (Laval)
31 mars 1999	Suzanne Villeneuve	Cour du Québec, Chambre de la jeunesse (Québec)
31 mars 1999	Juanita Westmoreland-Traoré	Cour du Québec, Chambre criminelle et pénale et jeunesse (Montréal)
26 janvier 2000	Lucille Beauchemin	Cour du Québec, Chambre de la jeunesse et Chambre criminelle et pénale (Montréal)
26 janvier 2000	Ruth Veillet	Cour du Québec, Chambre de la jeunesse et Chambre criminelle et pénale (Montréal)
8 mars 2000	Isabelle Rheault	Cour du Québec, Chambre de la jeunesse (Montréal)
27 avril 2000	Suzanne Handman	Cour du Québec, Tribunal du travail (Montréal)
25 octobre 2000	Élizabeth Corte	Cour du Québec, Chambre criminelle et pénale (Québec)

Nomination	Nom de la juge	Poste
25 octobre 2000	Johanne Denis	Cour du Québec, Chambre criminelle et pénale, civile et jeunesse (Granby)
25 octobre 2000	Guylaine Tremblay	Cour du Québec, Chambre criminelle et pénale, civile et jeunesse (Trois-Rivières)
8 novembre 2000	Colette Duford	Cour du Québec, Chambre de la jeunesse (Québec)
8 novembre 2000	Johanne Roy	Cour du Québec, Chambre criminelle et pénale et civile (Chicoutimi)
22 novembre 2000	Louise Bourdeau	Cour du Québec, Chambre criminelle et pénale (Montréal)
21 février 2001	Lynne Landry	Cour du Québec, Chambre criminelle et pénale (Gatineau)
5 septembre 2001	Ann-Marie Jones	Cour du Québec, Chambre de la jeunesse (Montréal)
5 septembre 2001	Dominique Wilhelmy	Cour du Québec, Chambre de la jeunesse (Montréal)
12 décembre 2001	Judith Landry	Cour du Québec, Chambre de la jeunesse (Québec)
12 décembre 2001	Ginette Maillet	Cour du Québec, Chambre de la jeunesse (Saint-Jérôme)

Nomination	Nom de la juge	Poste
12 décembre 2001	Chantale Pelletier	Cour du Québec, Chambre criminelle et pénale (Québec)
12 décembre 2001	Raymonde Verreault	Cour du Québec, Chambre criminelle et pénale (Montréal)
20 février 2002	Hélène Bouillon	Cour du Québec, Chambre criminelle et pénale (Québec)
13 mars 2002	Linda Despots	Cour du Québec, Chambre de la jeunesse (S.-de-Valleyfield)
29 mai 2002	Michèle Lefebvre	Cour du Québec, Chambre de la jeunesse (Montréal)
28 août 2002	Viviane Primeau	Cour du Québec, Chambre de la jeunesse (Montréal)
18 décembre 2002	Chantal Sirois	Cour du Québec, Chambre civile (Longueuil)
29 janvier 2003	Louise Villemure	Cour du Québec, Chambre criminelle et pénale (Montréal)
5 novembre 2003	Suzanne Vadboncœur	Cour du Québec, Chambre civile (Montréal)
24 mars 2004	Line Gosselin	Cour du Québec, Chambre de la jeunesse (Québec)

Nomination	**Nom de la juge**	**Poste**
31 mars 2004	Carole Brosseau	Cour du Québec, Chambre de la jeunesse (Montréal)
23 juin 2004	Anne-Marie Jacques	Cour du Québec, Chambre criminelle et pénale et jeunesse (Longueuil)
25 mai 2005	Nathalie Aubry	Cour du Québec, Chambre criminelle et pénale, civile et jeunesse (Sept-Îles)
25 mai 2005	Lucille Chabot	Cour du Québec, Chambre criminelle et pénale, civile et jeunesse (Amos)
25 mai 2005	Renée Lemoine	Cour du Québec, Chambre criminelle et pénale, civile et jeunesse (Val-D'Or)
28 septembre 2005	Hélène V. Morin	Cour du Québec, Chambre criminelle et pénale (Montréal)
23 novembre 2005	Marie-Josée Ménard	Cour du Québec, Chambre criminelle et pénale, civile et jeunesse (Drum-mondville)
26 avril 2006	Louise Comeau	Cour du Québec, Chambre civile (Montréal)
17 mai 2006	Sylvie Durand	Cour du Québec, Chambre criminelle et pénale (Montréal)

Nomination	Nom de la juge	Poste
28 juin 2006	Diane Quenneville	Cour du Québec, Chambre civile (Montréal)
20 septembre 2006	Julie Veilleux	Cour du Québec, Chambre civile (Montréal)
14 février 2007	Manon Ouimet	Cour du Québec, Chambre criminelle et pénale (Montréal)
20 juin 2007	Rosemarie Millar	Cour du Québec, Chambre criminelle et pénale, civile et jeunesse (Gatineau)
27 juin 2007	Marie Michelle Lavigne	Cour du Québec, Chambre civile (Montréal)
27 juin 2007	Nancy Moreau	Cour du Québec, Chambre de la jeunesse (Longueuil)
16 janvier 2008	Doris Thibault	Cour du Québec, Chambre criminelle et pénale, civile et jeunesse (Chicoutimi)
31 janvier 2008	Sylvie Lachapelle	Cour du Québec, Chambre civile (Montréal)
7 mai 2008	Julie Messier	Cour du Québec, Chambre civile et jeunesse (Laval)
25 juin 2008	Taya Di Pietro	Cour du Québec, Chambre de la jeunesse (Montréal)

Nomination	Nom de la juge	Poste
25 mars 2009	Marie-Claude Gilbert	Cour du Québec, Chambre criminelle et pénale (Québec)
1er avril 2009	Hélène Fabi	Cour du Québec, Chambre criminelle et pénale et civile (Sherbrooke)
1er avril 2009	Louise Leduc	Cour du Québec, Chambre criminelle et pénale (Longueuil)
18 juin 2009	Marie-Chantal Doucet	Cour du Québec, Chambre criminelle et pénale (S.-de-Valleyfield)
18 juin 2009	Lise M.S. Gagnon	Cour du Québec, Chambre de la jeunesse (Sherbrooke)
18 juin 2009	Dominique Larochelle	Cour du Québec, Chambre criminelle et pénale et jeunesse (Laval)
23 septembre 2009	Nancy McKenna	Cour du Québec, Chambre criminelle et pénale, civile et jeunesse (Rouyn-Noranda)
21 décembre 2009	Marie-Suzanne Lauzon	Cour du Québec, Chambre criminelle et pénale et jeunesse (Laval)
21 avril 2010	Lori Renée Weitzman	Cour du Québec, Chambre criminelle et pénale (Montréal)

Nomination	Nom de la juge	Poste
23 juin 2010	Luce Kennedy	Cour du Québec, Chambre criminelle et pénale, civile et jeunesse (Rivière-du-Loup)
10 novembre 2010	Ann-Mary Beauchemin	Cour du Québec, Chambre criminelle et pénale (Longueuil)
10 novembre 2010	Josée Bélanger	Cour du Québec, Chambre criminelle et pénale, civile et jeunesse (Rouyn-Noranda)
10 novembre 2010	Marie Pratte	Cour du Québec, Chambre civile et jeunesse (Gatineau)
15 décembre 2010	Marie Archambault	Cour du Québec, Chambre de la jeunesse (Montréal)
15 décembre 2010	Monique Dupuis	Cour du Québec, Chambre civile (Longueuil)
15 juin 2011	Sonia Bérubé	Cour du Québec, Chambre criminelle et pénale, civile et jeunesse (Baie-Comeau)
15 juin 2011	Geneviève Graton	Cour du Québec, Chambre criminelle et pénale (Montréal)
15 juin 2011	Silvie Kovacevich	Cour du Québec, Chambre criminelle et pénale (Montréal)

Nomination	Nom de la juge	Poste
17 août 2011	Élaine Bolduc	Cour du Québec, Chambre de la jeunesse (Saint-Jérôme)
17 août 2011	Céline Gervais	Cour du Québec, Chambre civile (S.-de-Valleyfield)
17 août 2011	Sophie Gravel	Cour du Québec, Chambre de la jeunesse (Joliette)
17 août 2011	Suzanne Paradis	Cour du Québec, Chambre criminelle et pénale et civile (Saint-Hyacinthe)
29 septembre 2011	Béatrice Clément	Cour du Québec, Chambre criminelle et pénale et jeunesse (S.-de-Valleyfield)
29 septembre 2011	Hermina Popescu	Cour du Québec, Chambre criminelle et pénale, civile et jeunesse (Rivière-du-Loup)
17 novembre 2011	Marie-Josée Di Lallo	Cour du Québec, Chambre criminelle et pénale (Montréal)
17 novembre 2011	Nathalie Fafard	Cour du Québec, Chambre criminelle et pénale (Montréal)
17 novembre 2011	Julie Riendeau	Cour du Québec, Chambre criminelle et pénale (Montréal)
17 novembre 2011	Mélanie Roy	Cour du Québec, Chambre de la jeunesse (Longueuil)

Nomination	Nom de la juge	Poste
14 juin 2012	Janick Poirier	Cour du Québec, Chambre criminelle et pénale, civile et jeunesse (New Carlisle)
28 juin 2012	Madeleine Aubé	Cour du Québec, Chambre civile (Sherbrooke)
28 juin 2012	Julie Beauchesne	Cour du Québec, Chambre criminelle et pénale et civile (Granby)
19 octobre 2012	Christine Gosselin	Cour du Québec, Chambre criminelle et pénale (Québec)
19 octobre 2012	Diane Roux	Cour du Québec, Chambre de la jeunesse (St-Jérôme)
15 novembre 2012	Martine L. Tremblay	Cour du Québec, Chambre civile (Montréal)
23 janvier 2013	Annie Breault	Cour du Québec, chambre civile (St-Jérôme)
23 janvier 2013	Claire Desgens	Cour du Québec, chambre criminelle et pénale (Sherbrooke)
23 janvier 2013	Monique Lavallée	Cour du Québec, chambre de la jeunesse (Sherbrooke)
13 février 2013	Odette Fafard	Cour du Québec, Chambre de la jeunesse (Montréal)
13 février 2013	Lyne Morin	Cour du Québec, Chambre de la jeunesse (Longueuil)

Liste nº 2

Femmes juges de paix magistrates (postes créés à compter de 2004 par le gouvernement du Québec)*

Nomination	Nom de la juge	Ville
4 mai 2005	Christine Auger	Gatineau
4 mai 2005	Suzanne Bousquet	Montréal
4 mai 2005	Sylvie Desmeules	Sherbrooke
4 mai 2005	Julie Dionne	Rivière-du-Loup
4 mai 2005	Nathalie DuPerron Roy	Saint-Jérôme
4 mai 2005	Réna Émond	Québec
4 mai 2005	Louise Gallant	Sept-Îles
4 mai 2005	Sylvie Marcotte	Québec
4 mai 2005	Nicole Martin	Québec
4 mai 2005	Danielle Michaud	Joliette
4 mai 2005	Lucie Morissette	Rimouski
4 mai 2005	Monique Perron	Granby
4 mai 2005	Johanne White	Montréal
5 décembre 2007	Marie-Josée Hénault	Longueuil
25 juin 2008	Dominique Benoît	Montréal
10 mars 2010	Marie-Claude Bélanger	Rouyn-Noranda
10 mars 2010	Patricia Compagnone	Salaberry-de-Valleyfield
21 mars 2012	Josée De Carufel	Montréal

* *Loi sur les tribunaux judiciaires*, L.Q., 2004 T-16, art. 162.

Liste n° 3

Femmes juges en chef et juges en chef adjointes à la Cour du Québec et à la Cour municipale par ordre de nomination

Nomination	Nom de la juge	Poste
31 août 1988	Huguette St-Louis	Juge en chef adjointe, Cour du Québec, Chambre civile (Montréal)
1er septembre 1990	Michèle Rivet	Présidente du Tribunal des droits de la personne du Québec créé en 1990
19 janvier 1994	Raymonde Verreault	Juge en chef de la Cour municipale de Montréal
1er septembre 1995	Huguette St-Louis	Juge en chef adjointe, Cour du Québec, Chambre civile
1er septembre 1995	Louise Provost	Juge en chef adjointe, Chambre criminelle et pénale
28 août 1996	Huguette St-Louis	Juge en chef de la Cour du Québec
28 août 1996	Paule Gaumond	Juge en chef adjointe
28 août 1996	Céline Pelletier	Juge en chef adjointe, Chambre criminelle et pénale
12 décembre 2003	Louise Provost	Vice-présidente, Tribunal des professions
31 décembre 2005	Louise Provost	Présidente, Tribunal des professions

Nomination	Nom de la juge	Poste
16 juin 2009	Danielle Côté	Juge en chef adjointe, Chambre criminelle et pénale
21 octobre 2009	Elizabeth Corte	Juge en chef de la Cour du Québec
1er septembre 2010	Michèle Pauzé	Présidente du Tribunal des droits de la personne

Liste nº 4

Femmes juges à la Cour municipale de Montréal

Nomination	Nom de la juge	Poste
1er décembre 1982	Micheline Corbeil-Laramée	Mutée à la Cour du Québec le 14 avril 1992 (Chambre criminelle et pénale)
10 octobre 1986	Raymonde Verrault	Mutée à la Cour du Québec le 10 février 1992 (Chambre criminelle et pénale) et promue juge en chef de cette cour le 19 janvier 1994
1er septembre 1992	Louise Bourdeau	(Était juge de paix à Montréal depuis 1987)
8 mai 1996	Louise Baribeau	(Était juge de paix à Montréal depuis 1992)
1er août 2002	Lison Asseraf	(Était juge de paix à Montréal depuis 1999)
5 mai 2005	Manon Bourbonnais	
5 mai 2005	Sophie Beauchemin	
5 mai 2005	Dominique B. Joly	
8 novembre 2006	Sylvie Girard	

Nomination	Nom de la juge	Poste
8 novembre 2006	Julie Caumartin	
20 janvier 2010	Nathalie Haccoun	
24 mars 2010	Martine Leclerc	Promue juge présidente adjointe le 23 janvier 2013
18 août 2011	Line Charest	
18 octobre 2012	Nathalie Duchesneau	
23 janvier 2013	Line Ouellet	

Liste n° 5

Femmes juges à la Cour supérieure du Québec par ordre de nomination

Nomination	Nom de la juge	Poste
20 février 1969	Réjane Laberge Colas	Montréal
8 février 1973	Claire L'Heureux Dubé	Québec
5 octobre 1973	Gabrielle Vallée	Québec
24 juillet 1975	Claire Barrette Joncas	Montréal
1er septembre 1976	Jeanne-d'Arc Lemay Warren	Montréal
16 mars 1978	Lyse Lemieux	Québec, mutée à Montréal le 10 juillet 1980
16 octobre 1980	Louise Mailhot	Montréal
24 septembre 1981	Alice Desjardins	Montréal
18 juillet 1983	Dionysia Zerbisias	Montréal
5 juillet 1985	Christine Tourigny	Québec
3 décembre 1985	Ginette Piché	Montréal
17 juin 1987	Jeannine-M. Rousseau	Montréal
3 novembre 1987	Hélène LeBel	Montréal
2 septembre 1988	Thérèse Rousseau Houle	Québec
30 juin 1989	Danielle Grenier	Montréal
30 juin 1989	Nicole Morneau	Montréal

Nomination	Nom de la juge	Poste
29 mars 1990	Louise Otis	Québec
29 mars 1990	Marie Deschamps	Montréal
23 décembre 1991	Nicole Bénard	Montréal
23 décembre 1991	Diane Marcelin	Montréal
23 décembre 1991	Danielle Blondin	Québec
6 mai 1992	Nicole Duval Hesler	Montréal
6 mai 1992	Pierrette Sévigny	Montréal
16 juin 1993	Johanne Trudel	Hull
27 janvier 1994	Danielle Richer	Montréal
27 janvier 1994	France Thibault	Québec
5 juillet 1994	Anne-Marie Trahan	Montréal
20 septembre 1994	Sylviane W. Borenstein	Montréal
1er novembre 1994	Louise Lemelin	Montréal
1er novembre 1994	Carole Julien	Montréal
9 mai 1995	Pierrette Rayle	Montréal
8 septembre 1995	Lise Côté	Montréal
19 décembre 1995	Suzanne Mireault	Montréal
8 novembre 1996	Marie-Christine Laberge	Montréal
8 novembre 1996	Julie Dutil	Québec
23 septembre 1997	Claudette Picard	Montréal
4 novembre 1997	Carole Cohen	Montréal
23 juin 1998	Hélène Poulin	Montréal

Nomination	Nom de la juge	Poste
23 juin 1998	Suzanne Courteau	Montréal
15 juillet 1998	Suzanne Hardy-Lemieux	Québec
20 octobre 1998	Marie-France Courville	Montréal
2 décembre 1998	Rita Bédard	Québec
10 février 1999	Hélène Langlois	Montréal
4 mai 1999	Louise Moreau	Québec
15 septembre 1999	Pepita Capriolo	Montréal
29 février 2000	Michèle Monast	Montréal
7 juin 2000	Michèle Lacroix	Québec
7 novembre 2001	Carole Hallée	Montréal
26 février 2002	Lise Matteau	Montréal
1er mars 2002	Danièle Mayrand	Montréal
31 mai 2002	Marie St-Pierre	Montréal
29 mai 2003	Claudine Roy	Montréal
24 juillet 2003	Claudette Tessier Couture	Québec
16 septembre 2003	Marie Gaudreau	Montréal
26 février 2004	France Charbonneau	Montréal
25 février 2005	Sophie Bourque	Montréal
25 février 2005	Chantal Corriveau	Montréal
22 avril 2005	Dominique Bélanger	Québec
13 mai 2005	Christiane Alary	Montréal
3 juillet 2005	Sylvie DeVito	Montréal

Nomination	Nom de la juge	Poste
30 août 2005	Suzanne Ouellet	Québec
18 septembre 2006	Alicia Soldevilla	Québec
22 novembre 2006	Catherine LaRosa	Québec
22 novembre 2006	Johanne Mainville	Montréal
30 novembre 2006	Chantal Masse	Montréal
15 décembre 2006	Eva Petras	Montréal
2 mars 2007	Francine Nantel	Montréal
2 mars 2007	Guylène Beaugé	Montréal
27 avril 2007	Sophie Picard	Montréal
5 juin 2007	Suzanne C. Tessier	Gatineau
19 février 2008	Line Samoisette	Sherbrooke
30 juillet 2008	Geneviève Marcotte	Montréal
15 mai 2009	Catherine Mandeville	Montréal
15 mai 2009	Lucie Fournier	Montréal
19 juin 2009	Louisa Arcand	Montréal
29 juillet 2009	Manon Savard	Montréal
9 septembre 2009	Danielle Turcotte	Montréal
9 septembre 2009	Claude Dallaire	Montréal
2 octobre 2009	Nicole Gibeau	Montréal
18 mai 2010	Johanne April	Québec
8 juin 2010	Marie-Anne Paquette	Montréal
18 juin 2010	Micheline Perrault	Montréal
30 septembre 2010	Johanne St-Gelais	Montréal
12 février 2011	Carole Therrien	Montréal

Nomination	Nom de la juge	Poste
5 avril 2012	Marie-Claude Lalande	Montréal
5 octobre 2012	Lise Bergeron	Québec
5 octobre 2012	France Dulude	Longueuil
2 novembre 2012	Sandra Bouchard*	Alma

* Première femme juge dans l'un des 17 districts périphériques de la division de Québec.

Liste n° 6

Femmes juges en chef, associées et adjointes à la Cour supérieure*

Nomination	Nom de la juge	Poste
19 août 1976	Gabrielle Vallée	Juge en chef associée (à Québec) décédée en poste le 2 juin 1984
29 novembre 1994	Lyse Lemieux	Juge en chef adjointe, à Montréal
31 août 1996	Lyse Lemieux	Juge en chef

* À la Cour supérieure du Québec, la direction hiérarchique est la suivante: Juge en chef, Juge en chef associé(e), juge en chef adjoint(e).

Liste n° 7

Femmes juges à la Cour d'appel du Québec par ordre de nomination

Nomination	Nom de la juge	Poste
16 octobre 1979	Claire L'Heureux-Dubé	Québec
15 avril 1987	Louise Mailhot	Montréal
15 avril 1987	Christine Tourigny	Québec
29 mars 1990	Thérèse Rousseau Houle	Québec
6 mai 1992	Marie Deschamps	Montréal
10 juin 1993	Louise Otis	Québec, mutée à Montréal le 1er septembre 1997
1er décembre 1998	France Thibault	Québec
1er octobre 2002	Pierrette Rayle	Montréal
24 septembre 2004	Julie Dutil	Québec
24 septembre 2004	Marie-France Bich	Montréal
3 juillet 2005	Lise Côté	Montréal
22 novembre 2006	Nicole Duval Hesler	Montréal
5 avril 2012	Marie St-Pierre	Montréal
2 novembre 2012	Dominique Bélanger	Québec

Liste no 8

Femme juge en chef à la Cour d'appel du Québec

Nomination	Nom de la juge	Poste
7 octobre 2011	Nicole Duval Hesler	

Liste nº 9

Femmes juges du Québec nommées à la Cour fédérale, à la Cour d'appel fédérale du Canada et à la Cour canadienne de l'impôt

Nomination	Nom de la juge	Poste
29 juin 1987	Alice Desjardins	Cour d'appel fédérale
29 septembre 1988	Louise Lamarre Proulx	Cour canadienne de l'impôt
16 juin 1993	Danièle Tremblay Lamer	Cour fédérale
18 juin 1993	Lucie Lamarre	Cour canadienne de l'impôt
11 décembre 2002	Johanne Gauthier	Cour fédérale et le 20 février 2003, Cour d'appel de la Cour martiale du Canada
27 avril 2007	Johanne Trudel	Cour d'appel fédérale
20 octobre 2011	Johanne Gauthier	Cour d'appel fédérale
1er juin 2012	Jocelyne Gagné	Cour fédérale

Liste nº 10

Femmes juges à la Cour suprême du Canada (par ordre de nomination)

Nomination	Nom de la juge	Poste
4 mars 1982	Bertha Wilson	(Ontario) retraitée le 4 janvier 1991; décédée le 28 avril 2007
15 avril 1987	Claire L'Heureux-Dubé	(Québec) retraitée le 1er juillet 2002
30 mars 1989	Beverley M. McLachlin	(C.-B.) 7 janvier 2000
15 septembre 1989	Louise Arbour	(Ontario) démission le 30 juin 2004 nommée Haute-Commissaire des Nations Unies aux droits de l'homme à Genève le 1er juillet 2004
7 août 2002	Marie Deschamps	(Québec) retraitée le 7 août 2012
30 août 2004	Rosalie Silberman Abella	(Ontario)
30 août 2004	Louise Charron	(Ontario) retraitée le 30 août 2011
21 octobre 2011	Andromache Karakatsanis	(Ontario)

Liste n° 11

Femme juge en chef à la Cour suprême du Canada

Nomination	Nom de la juge	Poste
7 janvier 2000	Beverley McLachlin	

LES TRIBUNAUX JUDICIAIRES – POUR ENTENDRE LES LITIGES DU QUÉBEC

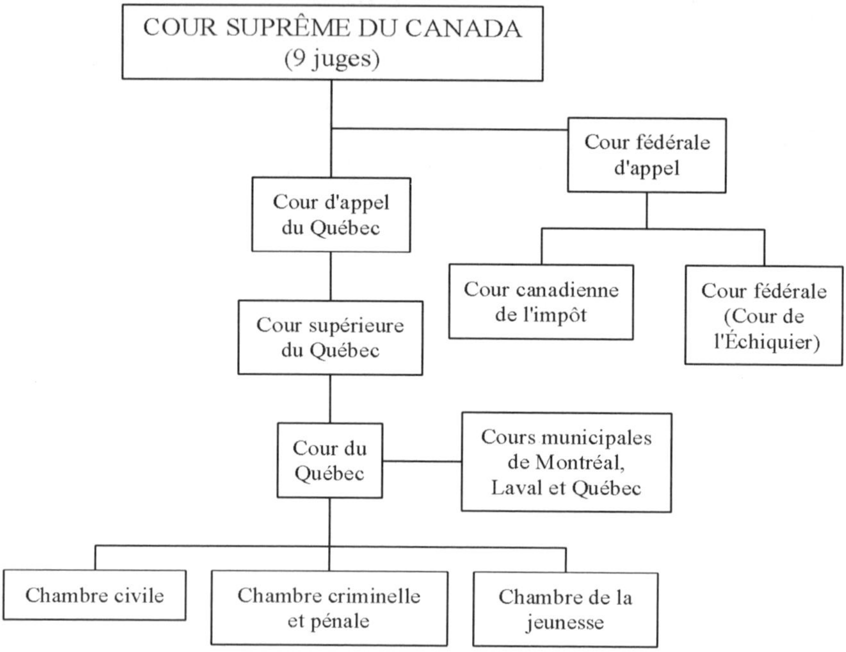

BIBLIOGRAPHIE SÉLECTIVE ET SOURCES

ALBISTUR, Maïté et Daniel ARMOGATHE, *Histoire du féminisme français, du Moyen âge à nos jours*, Paris, Éditions des femmes, 1977.

BOIGEOL, Anne, *Les femmes et les cours. La difficile mise en œuvre de l'égalité des sexes dans l'accès à la magistrature*, Genèses 22, mars 1996, p. 107-129.

CALOT, Marie-Claude (Juge), Les femmes et la magistrature, Discours prononcé le 13 janvier 1997, Audience de la rentrée, Tribunal de grande instance, Versailles.

COLLECTIF CLIO (LE), « L'histoire des femmes au Québec depuis quatre siècles », Montréal 1re édition 1982, *Le Jour éditeur*, 2e édition 1992, auteures : Micheline DUMONT, Michèle JEAN, Marie LAVIGNE et Jennifer STODDART.

DARSIGNY, Maryse, *L'épopée du suffrage féminin au Québec (1920-1940)*, Montréal, UQAM/Relais-femmes, 1990.

DESCARRIES, Francine (Prof.), *Chronologie de l'histoire des femmes au Québec*, Département de sociologie, IREF, UQÀM, 2006-2007.

DUMONT, Micheline, *Le féminisme québécois raconté à Camille*, Éd. Du Remue-ménage, 2008.

FORGET, Nicolle, *Thérèse Casgrain, la gauchiste en collier de perles*, Éditions Fides, 2013.

GROULT, Benoîte, *Ainsi soit Olympe de Gouges*, Grasset 2013.

JAMES, Donna, *Emily Murphy, (The Canadians)*, Fitzhenry and Whiteside Publishers, 1977, revised edition 2001.

La Cour supérieure et ses juges (1849-1980) – Ignace-J. Deslauriers, 1980.

Les cours de justice et la magistrature du Québec, gouvernement du Québec, 1999.

Les cours de justice et la magistrature du Québec, cour du Québec, cours municipales (Montréal, Québec et Laval), 1992.

Les juges du Québec de nomination fédérale de 1849 à 2009, gouvernement du Québec, 2010.

JEAN, Michèle, « Idola Saint-Jean, féministe (1880-1945) », dans *Mon héroïne*, Montréal, Éd. Du Remue-ménage, 1981 (p. 117 à 148).

LAVIGNE, Marie, Jennifer STODDART, *La Fédération nationale Saint-Jean-Baptiste et les revendications féministes au début du 20e siècle*, dans Travailleuses et féministes : *Les femmes de la société québécoise*, Montréal, Éd. Boréal, 1983, p. 199 à 215.

MONET-CHARTRAND, Simonne, *Pionnnières québécoises et regroupements de femmes*, Éd. Du Remue-ménage, 1990.

MONTREYNAUD, Florence, *Le XXe siècle des femmes*, Éditions Nathan, Paris, 1999.

PÉLOQUIN, Marjolaine, *En prison pour la cause des femmes : la conquête du banc des jurés*, Montréal, Éditions Remue- Ménage, 2007.

PINARD, Yolande, *La Fédération nationale Saint-Jean-Baptiste et les revendications féministes au début du 20e siècle*, dans *Travailleuses et féministes : Les femmes de la société québécoise*, Montréal, Éd. Boréal, 1983, p. 199 à 215.

PRÉVOST, Robert, *Québécoises d'hier et d'aujourd'hui, profils de 275 femmes hors du commun*, Montréal, Éd. A. Stanké, 1985.

RINFRET, G.-Édouard, *Histoire du Barreau de Montréal*, Éditions Yvon Blais, 1989.

SALAS, Denis, *Les 100 mots de la justice, Que sais-je ?* Presses universitaires de France, 2011.

SALOKAR, R.M. and M.L. VOLCANSEK, *Women in Law*, a Bio- Bibliographical sourcebook, Greenwood Press, Westport Conn.

STONE, Olive M., « Canadian Women as legal persons », (1979) XVII(3) *Alberta Law Review* 331 à 371.

REMERCIEMENTS

Des remerciements reviennent à plusieurs personnes qui m'ont apporté encouragement, soutien et informations diverses. J'en cite quelques-unes (par ordre alphabétique) : Me Julie Charbonneau (et Mme Johanne Marquis) de la Chambre des notaires ; la juge Suzanne Coupal ; la juge en chef adjointe Danièle Côté, pour son incitation à continuer la rédaction (et son adjointe Danielle D. Brochu) ; Me Lynn-Marie Casgrain ; la juge Marie Deschamps, Me Julie Latour, le juge-président Morton S. Minc, Me Ghislaine Richard, le juge Joseph Tarasofsky et le juge en chef associé Mario Tremblay.

Un merci particulier pour le soutien informatique à Mélissa Joly, mon assistante chez Fasken Martineau DuMoulin, ainsi qu'à Arlette Lesage ; pour la révision finale du texte et ses suggestions judicieuses, merci à Me Johanne Forget.

La première ébauche de texte remonte à 1981. Eût-il été publié alors, le livre aurait été plus mince. Remerciements aux premières visionnaires et à toutes les femmes d'audace qui ont nourri et fait éclore l'histoire des femmes dans le terreau juridique et judiciaire. Longue vie à celles qui prennent le relais !

INDEX ANALYTIQUE

Les chiffres renvoient aux pages.